님께 선물합니다.

드림

휴먼탑

○ 행동하면 길이 열린다

선배는 후배들이 꿈을 꾸게 해주고,
그 꿈을 향해 도전할 수 있도록 용기를 주어야 한다.
나는 좋은 선배가 되고 싶다.
그 몫을 하기 위해 이 책을 썼다.

오늘은 새 날! 새 날에는 모든 것이 새 일이다. 시작은 삶의 증거이다. 시작의 출발선에 선 사람은 신중하다. 경험이 없는 일에는 더욱더 그렇다. 그러나 여기서 바로 시작하는 사람과 머뭇거리는 사람으로 갈린다. 프랑스의 소설 작가 쥘 르나르는 "게으른 행동에 대해 하늘이 주는 벌은 두 가지이다. 하나는 자신의 실패이고, 또 다른 하나는 내가 하지 않은 일을 해낸 옆 사람의 성공이다."라고 했다. 이는 적극적으로 살지 않으면 하늘에서 벌을 준다는 의미이다. 누구나 남이 성공하는 것보다 내가 성공하기를 원하고, 박수를 치는 사람보다 박수를 받는 사람이 되기를 원할 것이다. 성공! 모두 행동이 씨앗이다. 한계는 자신이 정하는 것이다. 그러므로 누구나 자신이 원하는 것은 다 해낼 수 있다는 것이다. 도전 앞에 머뭇거리지 말고 꿈을 향해 배짱 있게 행동을 해야 한다.

인생은 단 한번! 연습 시간은 없다. 오늘은 시작이자 마지막 날이다. 바로 실전이며 완성품인 것이다. 인생을 세월의 수레에 올려놓지 말고, 크기도 모양도 없는 세상을 내 마음대로 만들어 보아야 한다. 세상은 물처럼 형체가 없다. 내가 만들고자 하는 모양대로 만들 수가 있다. 인생 순도 100%를 만들기 위해서는 사람과 환경에 휘둘리지 말고, 모든 일에 자신이 주체적이어야 한다. 즉 세상을 이기는 삶을 살아야 하는 것이다. '우리'가 미덕인 사회 환경에서 '나'를 앞세운다는 것이 이기적으로 보일 수 있다. 하지만 한 사람의 재능이 자신은 물론, 나라의 운명도 좌우한다. 세상은 음양(陰陽)의 원리로 돌아간다. 어떤 쪽을 선택하든지, 그 반대의 현상이 있고, 선택한 것 속에도 또 그렇다. 그러므로 어떤 쪽을 선택하든지 완벽한 것은 없는 것이다. 자신이 원하는 꿈이 있으면 무조건 실행해야 한다. '하늘은 스스로 돕는 자를 돕는다.'는 말처럼, 행동하면 세상은 내 편이 된다.

저자는 국가공무원으로 국가조직에 봉직하다가 법적 퇴직연령에 달해 2019년 상반기 퇴직으로, 하반기부터는 민간인 신분이 되었다. 30년을 넘게 공직에 근무하면서 보람도 있었고, 자부심도 컸다. 국가가 내 삶에 보호자가 되어주었고, 사회활동에서 힘이 되기도 했다. 그러나 공무원은 법규에 정해진 것 이외에는 하지 말아야 하는 것들이 많다. 경제적 겸직 활동과 사회활동, 사생활까지 엄격하다. 자녀가 부모의 통제를 받듯 공무원들은 국가로부터 모든 활동에 대해 제약을 받는 편이다. 또 공무원들은 언제나 국민을 위해 존재하기 때문에 모든 일에 솔선수범해야 한다. 그러다 보니 자유롭게 활동할 수 있는 부분까지도 스스로 제한을 두어 소극적인 태도가 될 때가 많다. 하지만 저자는 엄격한 공무원 조직 문화 속에서도 법과 도덕과 양심의 틀을 벗어나지 않는 범위 안에서 자기개발에 시간을 아끼지 않았다. 자기개발을 하다 보면 주변 직원들로부터 눈치가 보일 때가 있지만, 그에 대한 심적 부담감을 잘 이겨내며, 내가 하고 싶은 일을 했다. 그렇게 할 수 있었던 것은 이루고 싶은 꿈이 있었고, 그 꿈의 성취를 진정으로 원했기 때문이다.

그동안 꿈을 향한 도전이 많았다. 그 중 몇 개를 소개하면, 공무원의 첫 출발을 일용직 사무요원에서 시작했지만, 이후 국가공무원 세무직 7급 공개 채용 시험에 합격하여 세무직 공무원이 되었고, 공무원이 받는 최고의 상인 근정훈장을 받고 정년을 맞이했다. IMF 후유증으로 남편의 사업체가 사업 부진으로 어려워져 경제적 어려움이 바닥을 칠 때, 용기 하나로 아이들을 조기유학을 보냈고, 10년간 공부를 마치고 현지에 취업했다. 주택 전세금 4천만 원에서 배짱의 힘으로 5년 만에 현재가치 10억 원대의 경제적 부를 만들었다. 또 40세에 백혈병을 진단받고, 죽음의 문턱에서 학교 공부를 시작해 12년 만에 박사과정을 마치고 경영학 박사학위를 취득했다. 이외에도 수많은 문제 속에서 위기를 기회로 전환하는 용기 있는 행동이 있었다.

꿈을 꾸는 것은 환경과 아무 상관이 없다. 그 꿈을 이룰 수 있느냐, 없느냐 하는 것은 행동이 뒤따르느냐, 그렇지 않으냐 하는 문제이다. 인생에서 누구나 위기의 순간은 온다. 단 위기가 올 때에는 기회도 함께 온다는 사실을 알아야 한다. 위기를 막기 위한 에너지로 기회를 찾아 새로운 도약을 위해 점프를 해야 한다. 언제나 할 수 있는 일에 안주하지 말고, 현실에 머물지 말고, 내가 원하는 일을 해야 한다. 꿈은 현실과 차이가 있다. 'No pains, no gains.'라고 고통없이는 얻는 것도 없다. 이에 대한 선택은 자신의 몫이다. 성공한 인생을 만들기 위해서는 결과를 생각하기 전에 무조건 행동해야 한다. 행동을 할 때에는 '지금 무슨 일을 하고 있는지, 어느 방향으로 가고 있는지'에 대한 인식을 하면, 꿈을 이룰 수 있다. 꿈은 꿈이고, 현실은 현실이다. 꿈과 현실 사이에는 분명히 간극이 있다. 이 간극이 크면 클수록 성공의 크기도 따라 달라진다.

어떤 일을 시작 할 때 누구나 긴장하고 망설인다. 자신감이 없거나 새로운 일일수록 더욱더 그렇다. 행동에 앞서 긴장하고 망설이는 것은 생명보호 본능 때문이다. 한날한시 같은 조건에서 어떤 사고가 일어나도 죽음과 삶으로 운명이 갈라지는 것을 본다. 누구나 죽음보다 삶을 원할 것이다. 그러나 삶과 죽음을 관장하는 것은 인간이 아닌 신의 영역이다. 그러므로 내가 원하는 것을 이루기 위해서는 자신 있게 무조건 도전해야 한다. 세상의 일은 인간을 위한 것이기 때문에 모두 해낼 수 있다. 누구나 두려워하는 실패는 행동을 한 후에 나오는 답이다. 행동하기 전에 미리 실패라는 결과는 세상에 존재하지 않는다. 행동을 하기 전에 실패에 대한 염려를 하는 것은 '실패'라는 결과로 유도하는 유도등 같은 것으로 결국 '실패'를 안겨준다. 내 마음이 원하는 것을 얻기 위해서는 결과를 예단하기에 앞서 욕구에 따라 자신감 있게 행동해야 한다.

신은 사람을 탄생시켰고, 사람은 세상을 지배할 권한을 쥐고 있다. 다시 말해 세상의 모양은 자신이 원하는 모양대로 다 만들 수 있는 것이다. 소위 만능열쇠를 가지고 있는 셈이다. 다만 이 열쇠를 사용할지, 또 어떤 문을 열지에 대한 것은 본인의 선택이다. 그 여부에 따라 인생의 모양도 달라진다. 세상에 태어난 이상 많은 것을 경험해 보고 누리며 살아야 한다. 어떤 것을 해야겠다는 생각이 머리에 들어오면 바로 시작해야 한다. 이때가 하고자 하는 의욕이 가장 강하고, 성공의 확률이 높다. 어떤 생각이 떠오른 후 시간을 지체하게 되면 현실과 타협하게 되고, 생각은 행동으로 전환하지 못하고, 연기처럼 사라지게 된다. 세상에 그 어떤 것도 행동할 때만이 결과가 있다. 성공은 자기의 한계를 넘는 행동에서 얻어지고, 세상은 행동하는 사람에게 길을 열어준다.

《성공하는 행동법칙》이 탄생할 수 있었던 것은 생각을 바로 행동했던 용기이다. 나 자신의 한계를 넘는 일에 용기를 낼 수 있었던 것은 자녀에 대한 부모의 책임감이 있었고, 나 자신에게 가치 있는 인생을 만들어 주고 싶었기 때문이다. 많은 분들의 응원과 격려 덕분에 초판에 이어 바로 2쇄가 나오게 됐다. '행동'의 중요성은 아무리 강조해도 지나치지 않는다. 이 책에서 강조하고 싶었던 것은 생각한 것을 머뭇거리지 말고 바로 '행동하라.'는 것이다. 부디 이 책을 읽는 모든 독자 분들도 큰 꿈을 가지고 용기 있는 행동을 해보시기를 희망한다.

2019. 8.

배우고,
배운 것 가르치고,
배우고, 가르친 대로 행동하기를 원하는

김은주 씀

차례

제1장

나의 존재는
무조건 위대하다

01

나의 존재는 무조건 위대하다

나는 생각한다.
고로 나는 존재한다.

- 르네 데카르트 -

"나의 존재는 무조건 위대하다."

이 말은 저자의 말이다. 자신의 존재는 어떤 것과도 상대적일 수 없다. 그저 위대할 뿐이다. 이 사실을 한순간도 잊어서는 안 된다. 그 이유는 이 세상에 현존하고 있음이다. 서강대학교 최진석 교수는 "나의 주체성, 나의 존재성, 나의 존엄을 침해하는 것에 저항하라."고 했다. 이는 자신의 자아에 흠집을 내는 것에 대해서 용서를 하지 말라는 의미이다. 그러니 절대 기(氣)가 죽어서도 안 되고, 자신의 가치를 축소시켜서도 안 된다.

80년대 이전까지만 해도 직장여성들에게 결혼은 곧 퇴직을 의미했다. 이후 시대적 환경이 바뀌면서 여성들도 사회진출을 많이 하여 여권이 신장됐다. 그러면서 결혼 후에도 직장 유지가 가능해졌다. 그러나 여전히 여성은 결혼을 하면 바로 자녀 양육 문제가 대두된다. 과거에는 아이들을 돌보아주는 사회복지시설이 전무한 상태였기 때문에 가족들이 그 몫을 해줘야 했다. 이 문제가 해결되면 여성들도 직장을 다니는 데는 별문제가 없는 시대가 된 것이다. 나는 결혼을 하고 자녀 양육의 문제를 해결하지 못하였지만 직장을 그만두지 않았다. 허니문 베이비로 첫 딸을 낳고, 이어서 바로 둘째 딸을 보았다. 서로 의지할 수 있도록 연년생을 둔 것이다. 당시에는 아이들을 돌보아주는 사람을 찾기가 어려웠다. 어렵사리 사람을 구해도 아이 돌보는 일이 힘들기 때문에 오래 있지 않았다. 그러다 보니 하루 만에 떠나고, 이틀, 일주일, 길면 석 달, 아이들이 얼굴도 익히기 전에 계속 바뀌었다. 이런 환경에 있는 아이들을 생각하면 부모인 나는 늘 미안했고, 걱정이 많았다.

부모는 자신의 목숨을 다하는 그날까지 자식에 대한 보호본능이 있다. 특히, 우리 아이들이 의지하고 보호받을 곳이 없는 상황을 알고 있는 나는, 첫째를 낳고부터 죽음에 대한 불안감이 생겼고, 둘째를 낳고부터는 내가 감기만 걸려도 죽음의 공포에 시달렸다. 그때 내 생명이 끝날까 봐 걱정이 많았다. 일반적으로 죽음이라는 것은 나이가 많아지면 자연스럽게 맞이하고 생을 마감하는 것으로 생각한다. 그러나 나는 죽음이 두려웠다. 오로지 내 손밖에 없는 두 아이의 엄마로서 보호자 역할을 못 하게 될 것에 대한 걱정으로 죽음이 두려웠던 것이다. 이후 종교를 가지게 되면서 인간의 생명은 인간 스스로 결정하지 못한다는 것을 깨닫고 나서야 이로부터 벗어났다. '개똥밭에 굴러도 이승이 낫다.'는 속담처럼, 살아서 존재한다는 것이 얼마나 소중한지 모른다. 살아있다는 것은 하고 싶은 것을 할 수 있고, 가고 싶은 곳에 갈 수 있고, 먹고 싶은 것도 먹을 수 있어 좋다. 더욱이 내가 낳은 자식과 나를 낳아준 부모를 위해 주어진 책임을 다 할 수 있어 좋다.

나는 '백혈구 저하증' 진단을 받고 죽음의 문 앞에 서 있었던 적이 있다. 그때는 아이들이 어느 정도 컸기 때문에 죽음에 대한 두려움이 없었다. 백혈병은 불치의 병으로 알고 있어 당연히 '죽나보다.' 하고 생명에 정신 줄을 놓고 있었다. 한 달, 6개월, 1년의 기간이 지나도 나에게 새 날은 계속 찾아왔다. 그때서야 '내가 지금 뭐 하고 있지?' 하는 생각이 들면서 '살고 싶다.'는 마음이 번쩍 들었다. 아직도 내 손길이 아이들에게 필요하고, 내가 너무 젊다는 것을 인식한 것이다. 어떤 일이든지 최선을 다해야 하는 것은 당연하다. 그런데 의사 선생님 진단과 내가 알고 있는 상식만으로 내 생명을 죽음의 수레에 태웠던 것이다. 이후 정신을 차리고부터 오늘을 살고 있는 나는 엄청나게 가치가 있는 사람이라는 것을 알았다.

우리가 밤에 자고 아침에 일어나는 것은 당연하다. 그러나 그렇지 못한 경우도 있다. 그래서 예전부터 아는 사람을 만나면 "안녕하십니까?" 또는 "진지 드셨습니까?"라고 인사를 한다. 이 인사법은 일제강점기 식량 수탈과 6·25 전쟁으로 인해 극심한 굶주림 속에 살아야 했던 보릿고개 시절부터 유래된 인사법이다. 못 먹고, 병들고, 사고로 죽는 사람들이 많았기 때문에 밤새 안녕했는지 물었던 것이다. 지금도 '안녕하십니까?'라는 인사말을 많이 쓰고는 있지만, 그냥 통상적인 인사법이 되었다. 그러나 우리가 무심히 던지는 이 평범한 인사말 속에 존재의 안위를 염려해 주는 마음이 담겨 있다. '한 생명은 천하보다 귀하다.'는 말이 있지 않은가? 세상에 생명보다 더 가치 있는 것은 없다. 일단 살아있어야 한다.

춘추전국시대 양주(楊朱)라는 철학자는 경물중생(輕物重生), 곧 "몸의 털 한 올을 뽑아서 천하를 이롭게 할 수 있다 하더라도, 나는 그렇게 하지 않겠다."고 했다. 이 말은 외부의 가치가 아무리 크더라도 자신의 어떤 것과도 비교할 수 없다는 의미이다. 양주의 이기적 태도에 "인간의 성품은 본래부터 선하다."는 이른바 성선설(性善說)을 주장했던 맹자의 비판이 있지만, 자신을 지탱하고 있는 모든 것은 바로 자신이기 때문에 귀히 여길 수밖에 없다.

세상은 스스로 변하지 않는다. 그러나 변하고 있다. 5천 년 전 모습과 지금의 모습은 분명 다르다. 이는 살아있는 사람이 변화시키는 것이다. 그동안 선인들이 무중생유(無中生有), 곧 없는 무(無)에서 있는 유(有)를 만들었고, 있는 유(有)에서 확장한 유(有)를 만들었던 것이다. 이처럼 우리 인생도 마찬가지이다. 사람은 태어날 때 빈

손으로 왔다. 그러나 생을 마감하는 그날까지 인생이란 그릇에 자신의 욕망을 채우게 된다. 이 역시 내가 존재해야 가능하다. 곧 나의 존재는 인생을 만드는 주인공이자 세상을 만드는 주인공으로 그 가치는 무한하다.

내가 강의하는 대학에서 학생들에게 자기 칭찬 100개를 써오라고 과제를 내준 적이 있다. 처음에는 학생들이, 초등학생 수준의 과제에 의아해했다. 그러나 정작 과제물을 받아보니 100개를 더 추가해 200개를 쓴 학생들이 있었다. 대부분의 학생들이 "저한테 칭찬할게 이렇게 많은 줄 몰랐습니다. 저에 가치를 알게 해주서서 감사합니다."고 인사를 했다. 옛말에 등잔 밑이 어둡다는 말이 있다. 이 말처럼 항상 함께 있는 자신이 얼마나 대단한 사람인지, 또 얼마나 가치 있는 사람인지 모르고 있다. 수많은 일 중에 원하는 답을 못 만들어 낸 몇 개 때문에 우울해하고, 고민하고 걱정한다. 칭찬할 게 많다는 것은 장점이 많다는 것이다. 사람은 누구나 다 잘할 수는 없다. 총량의 법칙으로 보면 모두 다 똑같이 공평하다. 상대방이 잘하는 것을 내가 못한다고 우울해할 필요가 없다. 상대방에게 내가 잘하는 것을 다 잘 할 수 있는지 물어보면 바로 답이 나온다. 내가 언제, 무엇을, 어떻게 하든지 기가 죽을 필요가 없다.

"당신은 다른 사람들이 생각하는 대로 살 필요가 없다. 나 역시 다른 사람들이 기대하는 대로 살 필요는 없다. 그것은 그들의 실수이지 나의 실패가 아니다."라고 리처드 파인만이 말했다. 미국의 물리학자인 그는 자기 소신덕에 노벨물리학상 수상자가 됐다. 여러 대중적 저작물들을 통해 과학의 대중화에 힘쓴 과학자로 알베르트 아인슈타인과 함께 20세기 최고의 물리학자이다. 그의 말은 다른 사람들이 만들어 놓은 틀에 자신을 끼워 맞출 필요가 없다는 말이다. 이렇듯 이미 만들어져 있는 일반적이고 보편적인 것에 자신을 구속시켜서는 안 된다. 그에 대한 반대급부는 그들의 잘못이지 내 잘못이 아니라는 것이다. 그렇다. 자신의 삶을 만들어 가는 데에 대한 최적의 답은 자신이 가장 잘 안다. 자신의 선택이 자신을 바보로 만들 수도 있고, 자신을 현명한 사람으로 만들 수도 있다.

나의 존재를 스스로 가치 있게 여길 때만 자신의 일이 소중하고, 그 결과에 가치가 있다. 그러므로 내 자신의 가치를 발견하는 것이 중요하다. 자신의 가치를 발견하지 못한 사람은 자신은 물론 타인에게도 무시당한다. 대부분 사람들은 다른 사람들이 자신을 어떻게 생각하고 바라보는지에 관심이 많다. 소위 나에 대해 어떤 좋은 생각을 하는가? 그 반대의 생각을 하는가? 필요 이상으로 집중한다. 하지만 특수한 관계가 아니라면 타인에게 관심이 없고, 자신에게 관심이 많다. 그냥 보이는 대로 '그렇구나.' 하는 정도이다. 이것도 곧 사라진다. 그래서 다른 사람들이 나를 어떻게 생각하는지? 가 중요한 것이 아니라, 자기가 자신의 가치를 확고하게 인정해 주는 것이 중요하고, 그래야 타인도 자신을 가치 있게 여긴다.

'나는 존재 한다.'는 것은 살아있다는 뜻이다. 인간이 태어나서 자기의 삶을 만들어가는 데 필수조건이 바로 행동이다. 그 행동의 방향은 어느 곳을 향하는지, 어떤 방법으로 하는지 등에 따라 한 사람의 인생이 만들어 진다. 자기가 꿈꾸었던 것의 성취여부가 여기서 나오는 것이다. 이 결과에 따라 자기 자신의 존재감에 가치를 더하게 된다. 설사 자신이 꿈꾸었던 것을 성취하지 못하였다 하더라도 무의미한 삶이라고 할 수 없다. 돈이 많고, 좋은 직장이 있고, 원하는 일을 하고 있다고 하더라도 이것은 삶의 옵션일 뿐이다. 누구나 이 세상에 존재하고 있다는 것만으로도 가치가 있는 사람이다. 세상이 어떻게 돌아가든, 타인이 무슨 말을 하든, 나의 존재는 무조건 위대한 것이다.

02

인생의 주인공은 바로 '나'다

네 인생을 네가 주도하라.
네 인생의 열매는 네가 맺은 것이라야, 그 맛이 황홀하다

- 스프링 벅-

    인생의 주인공은 바로 '나'다. 문제는 내가 인생의 주인으로 살고 있는가? 하는 것이다. 아마도 나에게 보다 타인을 향해 더 많이 던졌던 질문일 것이다. 공기 중에 산소가 있어 우리는 편안하게 숨을 쉬고 있다. 우리는 공기를 애써서 인위적으로 만들어낸 것이 아니기 때문에 소중하고, 고맙다는 인식을 하지 못한다. 공기처럼 소중한 내가 심지어 주인공의 자리를 타인에게 내어주고 있지는 않은지 숙고해 보아야 한다. 자신과 24시간 동고동락하며 단 일초도 떨어져 본 일이 없지만 자신을 잘 인식하지 못하고 생활한다. 간혹 '나 자신을 잘 안다.'고 생각하는 사람도 있다. 그러나 그 안다는

기준이 알고 있는 지식을 나로 착각하고 있는 것은 아닌지 되돌아보아야 한다. 아무런 조건 없이 내가 욕망하는 '나'로 살아야 순도 100% 인생이 된다.

노자 《도덕경》 13장에 총욕약경 귀대환약신(寵辱若驚 貴大患若身), 곧 "나를 천하만큼 사랑한 사람에게 천하를 맡기겠다."고 했다. 이 말은 세상에 자기 자신을 사랑하는 것보다 더 앞서는 것은 없다는 의미이다. 우리는 전통적 정서상 '나'보다 '우리'를 먼저 내세우는 문화에 살고 있다. '우리'라는 틀에서 벗어나 '나'를 먼저 앞세우려면 용기가 필요하다. 하지만 그 용기는 얻어지는 반대쪽을 과감하게 포기할 각오로부터 나올 수 있다.

신이 인간을 세상에 보낼 때 '주인'으로 보냈다. 곧 세상의 주인으로 천부적인 권한과 사명을 준것이다. 누구나 이 사명대로 자신이 주인으로 살아야 한다. 그러나 대부분의 사람들은 자신이 주인으로 살기보다는 환경과 주변 사람들의 눈치를 보며 사는 경우가 많다. 과거에는 씨족을 위주로 모여 살았기 때문에 공자의 유교사상인 예(禮)를 중시했다. 개인을 중시하는 서양권과 달리 우리를 중시하는 동양권의 문화에 영향을 받은 것이다. 지금의 시대는 경쟁 시대이다. 그 대상이 사람이든, 일이든 이겨야 살아남는다. 하늘에서 준 사명을 다하기 위해서라도 외부로부터 휘둘리지 말고, 내가 나의 주인으로 살아야 한다.

인생은 단 한 번뿐이다. '한 번 더'는 없다. 어떤 사람을 만나든 지, 어떤 자리에 있든지, 그곳의 주인공은 자신이다. 그것도 상대적 주인이 아니라 절대적 주인이다. 우리의 인생은 연극 한 편이라고 생각하면 된다. 연극에는 주연과 조연 그 외에 엑스트라 등 다양한 역할이 있다. 이때 자기에게 주어진 배역을 잘 소화해내야 훌륭한 작품이 나온다. 주연을 맡은 사람은 주연 역을 잘 해야 하는 주인공 이고, 조연과 엑스트라도 그 역할을 잘 해야 하는 주인공이다. 여기 서 주인공이 조연 역할이나 엑스트라의 역할을 더 잘한다면 그 작 품은 흥행에 실패할 가능성이 높다. 이와 같이 자신에게 주어진 배 역을 잘 해낼 때만 좋은 작품이 된다.

"인간이 위대한 것은 자기 자신과 환경을 뛰어넘어 꿈을 이뤄 내는 능력이 있기 때문이다."고 툴리 C. 놀즈가 말했다. 자신을 움 직이는 비결은 오직 자기 자신이다. 그러나 이 사실을 알고 있는 사 람은 많지 않다. 꿈의 성취는 자기신뢰가 있어야 가능하다. 오스트 리아의 정신과 의사이자 정신분석학파의 창시자인 지그문트 프로 이트 박사는 인간의 모든 행동은 두 가지 동기에서 출발한다고 했 다. 행동을 하도록 하는 동기는 성(性)의 충동이고, 또 하나는 위대 하고 싶은 욕망이라고 했다. 누구에게나 위대해지고 싶은 욕망이 있는 것이다. 이 욕망이 해소되지 않는 한 행동은 계속된다. 행동 시 타인의 시선으로부터 자유로울 때 완전한 인생을 만드는 주인이 된다.

내가 하고자 하는 욕망이 있으면 그 기준은 내가 정해야 한다. 이미 세상에 태어나 있는 기준은 당시 그들의 정서에 맞는 기준일 뿐, 내 정서의 기준은 아니다. 그래서 세상의 기준은 삶의 디딤돌 역할로 족하다. 천하보다 귀한 나를 타인이 만들어 놓은 기준에 끼워 맞추는 것은 자기 학대나 다름없다. 갑과 을의 위치라 할지라도 갑의 기준은 갑의 것이고, 을의 기준은 을의 것이다. 언제나 나답게 삶을 살아야 한다. 그래야 내 삶에 온전한 주인이 되는 것이다.

남편이 K 대학 경영 대학원 연구과정에 입학하여 워크숍을 할 때 함께 간 적이 있다. 공식적인 부부 동반 행사는 아니었지만 함께 갔다. 본 과정은 오랜 역사가 있어 선배 기수가 많았다. 센터에는 VIP급 원로 및 회장단 좌석이, 앞쪽에는 선배 기수들 좌석이 그리고 맨 뒤쪽에는 신입생 좌석이 배치되어 있었다. 어떤 기회가 주어졌을 때 최상의 결과를 만들어 내야 하는 것은 당연하다. 나는 비록 남편의 배우자 자격으로 참석했지만, 남편의 기수에 묶여 있을 필요는 없다고 생각했다. 스스로 VIP석에 찾아가서 나에 대한 소개를 한 후 동의를 얻고 합석했다. 그때 그곳에 계신 분들 마음속에 나를 확실하게 심었다. 이후 총동문회 행사가 열릴 때마다 그분들은 나를 기억하고 챙겼다. 사람이 재산인 것을 감안 할 때, 내가 그분들을 알게 된 것과 그분들이 나를 기억하고 있다는 것은 큰 소득인 셈이다.

삶의 주인은 '나'라는 것을 한 시도 잊지 말아야 한다. 장소와 대상이 누구든지 간에 언제나 주인인 것이다. 비록 남편의 워크숍에 참석하였지만, 그곳에 있는 동안 나에게 주어진 하루 24시간 중에서 시간 일부를 꺼내서 사용하는 것이므로 내가 주인공인 것이다. 누구나 자신의 시간으로 인생을 만들어 가기 때문에 시간의 낭비 없이 효율성 있게 잘 써야 한다. 때문에 나를 VIP 좌석인 헤드 테이블에 앉힌 것은 크게 잘못이 없다. 중국 당나라 시대 임제선사의 설법에서 '수처작주 입처개진(隨處作主 入處皆眞)' 가르침이 있다. 이 말의 뜻은 '가는 곳 마다 참된 주인이 되라.'는 것이다.

인도의 시인이자 철학자인 타고르는 "내가 존재한다는 사실이야말로 확실하고 영원한 생명의 경탄"이라 했고, 폴란드 출신으로 염세주의 철학자 쇼펜하우어는 "각 개인은 타인 속에 자기를 비추는 거울을 갖고 있다."고 했다. 또 프랑스의 사상가인 몽테뉴는 "세상에서 가장 중요한 것은 어찌하면 내게 진정 나다워질 수 있는가를 아는 일"이라 했고, 독일이 낳은 세계 문학사의 거인 괴테는 "아무것도 생산할 줄 모르는 사람에겐 아무것도 존재하지 않는다."고 자신의 존재에 대한 중요성을 말했다.

이들의 명언처럼 나는 학생들에게 "내가 존재할 때 세상의 모든 일에 의미가 있다."라고 말해 준다. 그 선택 역시 자신의 몫이겠지만, 존재의 의미는 행동하는 것이다. 그래서 법과 양심에 저촉되지 않는 한 무엇이든지 다 해보아야 한다. 또 "학교에서 배운 것에 머물러 있으면 이류의 삶을 살게 되지만, 여기에 자신의 창의를 보태서 제3의 생산물을 창조한다면 일류의 삶을 살 수 있다."고 강조한다. 기존에 만들어 놓은 틀에 자신을 끼워 맞춰서 사는 것은 자신을 이류의 삶을 살도록 하는 것과 다를 바 없다. 특히 인생의 출발선에 서 있는 청년들은 환경과 주변 사람 눈치를 보지 말고, 자신감으로 나답게 살아야 한다.

"그대 자신의 영혼을 탐구하라. 다른 누구에게도 의지하지 말고 오직 그대 혼자의 힘으로 하라. 그대의 여정에 다른 이들이 끼어들지 못하게 하라. 이 길은 그대만의 길이요, 그대 혼자 가야 할 길임을 명심하라. 비록 다른 이들과 함께 걸을 수는 있으나, 다른 그 어느 누구도 그대가 선택한 길을 대신 가줄 수 없음을 알라."

이 말은 인디언 격언이다. 이 말처럼 인생의 주인은 자신이다. 미성년자일 때에는 부모나 사회로부터 보호를 받는다. 그러나 성인이 되면 스스로 선택하고, 실행하고, 그에 따른 결과까지 모두 자기 몫이 된다. 설사 누군가에 의해 선택을 했다고 하더라도 자신의 것이 되는 것이다. 이런 것이 모여서 자기의 인생이 된다. 빛나는 인생을 만들기 위해서는 대충 살아서는 안 된다. 예기치 못하게 넘어지는 한이 있더라도 많은 일들을 해보아야 한다. 어떤 일이든지 행동을 통해서 답을 얻는다. 순도 높은 자기 인생을 만들기 위해서는 외부로부터 오는 간섭을 허락하지 말아야 한다. 자신이 허락하지 않는 한 누구도 간섭할 자격이 없다. 그리고 자신 또한 남에게 시선을 두지 말아야 한다.

인생의 주인공은 바로 '나'다. 그러므로 작은 시간도 허투루 살아서는 안 된다. 자신의 인생을 일류로 만들고 싶다면 대답하는 사람이 되지 말고, 질문하는 사람이 되어야 더 많은 것을 내 것으로 만들 수 있다. 또한 꿈을 꾸고, 목표를 향해 열정을 쏟고, 행동의 부지런함에 인색하지 말아야 한다. 나를 대신해 내 인생을 만들어줄 사람은 아무도 없다. 할 수 있다고 생각하든, 그렇지 않든, 내가 낸 답이 무조건 옳다. 그 이유는 자신에게 저장된 빅데이터로부터 최종 값을 받아서 낸 답이기 때문이다. 나 말고 더 이상 정확한 답을 낼 사람은 아무도 없다. 한 치도 양보하지 마라.

03

'우리'가 아닌 '내'가

남들보다 더 잘하려고 고민하지 마라.
지금의 나보다 잘 하려고 애쓰는 게 더 중요하다.

- 윌리엄 포크너 -

나는 조선 전기 문신인 성리학을 계승한 김굉필(한훤당) 선생의 20세손으로 태어났다. 말귀를 알아들을 만했던 4~5세 때부터 "선조 님의 정신을 이어받아 학문을 게을리하지 말고, 예의범절을 잘 갖추어야 한다."는 말씀을 귀에 못이 박히도록 들으며 성장했다. 그래서 나의 어린 시절은 언행에 제약이 많았고, 일거수일투족 모두 어른들의 시야에서 벗어나지 못했다. 그 덕분에 나는 일찌감치 애늙은이처럼 빨리 철이 들었다. '세 살 버릇 여든까지 간다.'는 말처럼 그때 가풍에 의해 자아가 형성되었고, 나에 대한 주체성을 중히 여기게 되었다.

직장에 다니기 시작하면서부터 좋은 어른이 되기 위해 나 자신을 철저히 관리했다. 한창 놀기를 좋아할 시기에도 친구들을 만나는 것보다 배우는 것을 좋아했다. 퇴근 후 저녁시간에 붓글씨, 펜글씨, 그림그리기, 꽃꽂이 등 어른이 갖추어야 할 여러 가지를 배웠다. 배우면서 모였던 작품들도 많아 전시회를 열 계획도 세웠다. 그 계획은 결혼과 동시에 열기가 사그라졌다. 그 외에도 책 읽기, 음악 감상, 등산, 수영도 취미로 즐겼다. 당시 이동 수단은 대중교통과 택시만 생각하던 때 운전면허 1종을 취득했다. 하루 24시간을 허투루 보내지 않고 빈틈없이 다 사용했다. 이렇게 배움을 즐겼고, 나를 잘 통제하고 관리했다. 하루아침에 성공하는 사람은 없다. 어떤 습관을 들이느냐에 따라 결과도 달리 나온다. 내가 성인이 되어서도 배우는 것을 좋아했던 것은 습관에서 나온 것이다. 이런 것이 내 인생의 가치관이 되었다.

삼종지도(三從之道), 참 옛날 말이다. 삼종지도란 어려서는 부모를 따르고, 출가해서는 남편을 따르고, 늙어서는 자식을 따르라는 것이다. 내가 젊은 시절 때는 여성들의 활동은 개인의 주체성을 살리기 위한 것보다, 남성을 우위에 둔 남존여비(男尊女卑)에 뿌리를 두고 있었다. 여성들은 결혼을 하면 슬기로운 어머니가 되고, 좋은 아내가 되는 현모양처(賢母良妻)가 되어야 했다. 여성 자신도 그것을 꿈으로 삼는 경우가 많았다. 나 역시 그런 문화권의 일원으로 별반 다르지 않았다. 그 시대에는 개인의 성공을 위해 따로 꿈을 꾸고 목표를 세우지 않았다. 그럼에도 불구하고 많은 것을 배우며 자기 관리를 잘 했던 궁극적 목적은 가문의 정신을 계승하고, 좋은 어른이 되기 위함이었다.

"나는 누구인가? 스스로 물어라. 자신의 속 얼굴이 드러나 보일 때까지 묻고 또 물어야 한다. 건성으로 묻지 말고 목소리 속의 목소리로, 귓속의 귀에 대고 간절하게 물어야 한다. 해답은 그 물음 속에 있다. 묻지 않고는 그 해답을 이끌어 낼 수 없다. 나는 누구인가? 거듭거듭 물어야 한다." 이 글은 무소유의 삶을 사신 법정 스님 말씀이다. 스님은 자신을 알기 위해서는 자신의 속 사람에게 목소리 속의 목소리로, 귀에 대고 간절하게, 속 얼굴이 드러나 보이도록 진정성 있게 물어야 한다고 했다. 결국 자신의 속 사람이 답을 알고 있다는 뜻이다. 이처럼 자신에 대한 평가는 타인이 결정하는 것이 아니라, 자신 스스로 결정한다는 것이다. 그러나 정작 자신에 대해 상대가 어떻게 생각하는지에 관심을 두는 경향이 있다. 하지만 인간은 누구에게 휘둘리는 객체가 아니라 자신이 주체인 것이다.

서양은 개개인을 '집단 자체'로 보는 반면, 동양은 집단 자체를 하나의 '유기체'로 보는 경향이 있다. 그래서 서양은 '개인의 자아'를 존중하고, 동양은 '우리'라는 '팀워크'가 더 존중받는다. 이는 문자문화에서도 엿볼 수 있다. 우리는 이름 표기에 '김은주'에서 '김'이란 패밀리 네임을 먼저 표기하고, 서양은 'Eunju Kim'에서 'Eunju'라는 개인 이름을 먼저 표기한다. 우리의 유구한 문화를 좇아 전통을 지키는 것은 바람직하지만, 결국 개체가 튼실하지 않고

서는 팀이 튼튼하기를 바라는 것은 난센스다. '우리'라는 문화 속에 있는 나의 모습은 어떠한가? 개인의 성장을 중시하는 시대에 우리를 중요시하는 전통에 갇혀 안주하고 있지는 않은지 돌아보아야 한다.

사람은 태어나면서부터 가정이라는 작은 조직을 만나고, 교육을 위해 교육조직을 만나고, 성인이 되어서 사회조직을 만난다. 조직이란 두 사람 이상의 집합체이다. 이처럼 인간은 조직을 떠나서 살수 없다. 그러나 '우리'라는 집합체 속에는 분명 하나의 개체가 있다. 이것이 바로 '나'이다. 조직을 이루는 것도 개개인들이다. 그래서 한 개인의 역할은 매우 중요하다. 조직에서 '우리'라는 큰 숲에 묻혀 '개인'을 개발하지 않는 다면 조직의 목표 달성도 기대하기 어렵다.

"젊은이여! 나를 사랑한다고 당당하게 말하자" 이 말은 7명으로 구성된 글로벌 스타 방탄소년단(BTS)의 리더 RM이 유엔 연설에서 던진 말이다. 2018월 9월 24일(현지 시간) 미국 유엔본부에서 열린 유니세프(유엔아동기금 · UNICEF)의 청년 어젠다 '제너레이션 언리미티드(Generation Unlimited)'발표 행사에 연사로 참석했다. 그는 열 살쯤부터 다른 사람의 시선으로 나를 보고, 누군가 만들어 놓은 틀에 끼워 맞추며 내 목소리를 잃었다고 했다. "음악이라는 안식처가 있었지만, 방탄소년단이 된 뒤에도 많은 사람은 우리에게 희망이 없다고 했다. 때로는 포기하고도 싶었다."고 지난날 힘들었던 시절의 소회를 밝혔다. 그런 그가 유엔본부에서 "전 세계 젊은 세대여! 이제 한 걸음 더 나아가자! '나를 사랑 한다.'라고 당당하게 이야기하고, 자기 목소리를 내자(Speak yourself)면서 국가 인종, 성 정체성 등에 상관없이 자신 스스로에 관해 이야기하며, 자신의 이름과 목소리를 찾기 바란다."고 크게 외치며 세계를 흔들어 놓았다.

손자병법 모공편에 보면, "지피지기 백전불태(知彼知己 百戰不殆), 부지피이지기 일승일부(不知彼而知己 一勝一負), 부지피 부지기 매전필태(不知彼 不知己 每戰必殆)"라는 문구가 있다. 내용인즉, "나를 알고 적을 알면 백 번 싸워도 위태롭지 않고, 나를 알고 적을 모르면 한 번 이기고 한 번 지며, 나를 모르고 적도 모르면 매번 싸울 때마다 반드시 패하게 된다."는 말이다. 이는 나를 알아야 상대를 이길 수 있다는 의미이다. 그러므로 내가 준비된 사람인지, 그렇지 않은 사람인지, 진정으로 자신을 볼 줄 알아야 한다. 어제의 내가 오늘의 내가 되고, 오늘의 내가 미래의 내가 된다. 어제와 오늘의 나를 정확하게 보는 눈을 가질 때 세상도 이길 수 있다.

우리의 문화는 바람직한 일을 해야 하고, 해야 할 일을 해야 하고, 좋은 일을 해야 했다. 그러나 나로 살기 위해서는 바라는 일을 해야 하고, 하고 싶은 일을 해야 하고, 좋아하는 일을 해야 한다. 삶의 최고 가치는 나의 존재와 자기 사랑이다. 자신을 사랑할 때 자신에게 최고의 인생을 만들어 주고 싶은 욕망이 생긴다. 또 자신의 존재가 귀하고 사랑스러울 때 타인도 사랑하게 된다. 세상은 나로부터 시작되고, 내가 움직일 때만 변화한다. 움직임의 크기에 따라 세상의 크기도 달라진다. 그래서 세상의 주인인 내가 주체적인 삶을 살아야 한다.

지금 사회는 4차 산업혁명 시대이다. 사람이 하던 일을 인공지능 첨단 기계가 대신하는 시대가 도래했다. 여기서 살아남는 최고의 방법은 인공지능이 침범할 수 없는 개성과 창의력일 것이다. 이미 만들어져 있는 답에 익숙해 있던 습관은 버려야 할 때가 된 것이다. '우리'보다는 '개인'을 강화하는 것은 이제 선택이 아닌 필수사항이다. 개인의 성장은 팀과, 사회, 그리고 국가에도 영향을 미친다. 나의 성장은 인생을 만드는 일이기도 하지만, 애국자가 되는 길이기도 하다. 이제는 '우리'를 벗어던지고, 진정한 '나'를 찾아야 한다.

제2장

상상의 크기만큼
꿈꾸어라

01

상상의 크기만큼 꿈꾸어라

작은 꿈은 꾸지도 마라.
그것은 인간의 영혼을 움직이지 못한다.

- 빅토르 위고 -

2018년 4월 영국 런던에 본부를 둔 여론조사기관 유고브 (YouGov)는 한국인을 대상으로 2018년 국내·외 '존경하는 인물'을 남성과 여성으로 구분하여 30위까지 발표했다. 이 중 1위에서 3위까지를 보면 남성 1위 버락 오바마 전 미국 대통령, 2위 기업인 빌 게이츠, 3위 문재인 대통령이고, 여성으로는 1위 김연아 전 피겨스케이팅 선수, 2위 방송인 오프라 윈프리, 3위 미셸 오바마로 버락 오바마 전 미국 대통령 부인이 이름을 올렸다. 이들이 존경받게 된 이유는 세계의 지축을 흔들 정도로 성공했고, 선한 영향력을 끼쳤기 때문이다.

이들의 공통점은 가슴에 큰 꿈을 품고 있었고, 그것을 성공으로 만들었던 사람들이란 점이다. 버락 오바마는 케냐 출신 아버지와 미국 캔자스 출신 백인 어머니 사이에서 태어났다. 부모의 이혼과 어머니의 재혼으로 어린시절 외조모 밑에서 성장해야 했지만 "세계를 바꾸려면 꿈을 크게 가지라."는 어머니의 말대로 '대통령이 되겠다.'는 꿈을 꾸었고, 결국 세계 최강국인 미국의 대통령이 되었다. 빌 게이츠는 마흔 살에 세계 억만장자 순위 1위에 오른 뒤 「타임」과의 인터뷰에서 "우주는 오직 나를 위해 존재할 수도 있다. 만약 그렇다면 내가 잘 되는 건 당연하며, 나는 그것을 받아들여야 한다."고 했다. 그의 꿈은 '모든 사람들의 책상 위에 컴퓨터를 놓겠다.'는 것이었다. 문재인 대통령도 소위 말하는 흙 수저 출신으로 자신의 꿈을 현실로 만들었다. 피겨선수 김연아 역시 어린 시절 미국의 피겨스케이팅 선수인 미셸 콴을 롤모델로 삼고 연습하며 '올림픽 챔피언이 되자.'는 꿈을 꾸며 연습한 끝에 2010년 밴쿠버 동계 올림픽에서 금메달을 획득했다.

이들은 모두 큰 꿈의 씨앗이 있었던 것이다. 씨앗이 잘 자라도록 물을 열심히 준 덕분에 정상에 오른 것이다. 어린 시절 누군가 "네 꿈이 뭐니?"라고 물으면 대부분 남자아이들은 '대통령 또는 과학자'라고 했고, 여자아이들은 '공주나 간호사'가 되고 싶다고 말했다. 부모는 자녀가 바르고 훌륭한 사람이 되도록 하기 위해 "대통령이 될 사람이… 우리 공주님…"이라는 표현을 많이 썼다. 이처럼 어린 시절에는 어른들이 만들어 준 꿈속에서 살았다. 이런 말을 들고 자라면서 성인이 되어서도 끝까지 한 방향으로 간 사람은 대통령이 되었다. 꿈을 이룬 사람은 일단 꿈을 꾼 뒤 매사에 꿈과 관련된 방향으로만 정진하고 노력하며 고통을 이겨낸 사람이다. 꿈이 있는 사람과 없는 사람의 차이는 항해사가 목적지를 알고 배를 운행하는 것과 목적지를 모르고 운행하는 것과 같은 차이다. 아무리 유능한 항해사라고 하더라도 목적지와 목표물이 없다면 어디로 배를 몰아야 할지 모른다. 인생도 마찬가지이다. 꿈이 있는 사람은 이미 이룬 것처럼 미래의 자신을 상상하며 포기를 모르고 완주하게 되겠지만, 그렇지 않은 사람은 조금만 힘들어도 쉽게 포기하게 된다. 미래에 자신이 될 사람을 모르기 때문이다.

나는 세상을 흔들 만큼 성공한 사람은 아니지만, 내 스스로 삶 속의 승리자로 인정해 준다. 어린 시절 마음에 품었던 것을 이루었기 때문이다. 자랄 때 부모님이나 주변 사람으로부터 '성공'이나 '꿈'에 대한 말을 들어본 적이 없다. 그 시절에는 조상을 잘 모시는 것과 가문을 중시했다. 그래서 자녀의 미래를 위해 "훌륭한 사람이 되어라."가 아니라, 유교문화에 따른 현재적 교육이었다. 그것 역시 시대에 맞는 전인교육(全人敎育)인 것이다. 그 덕분에 현재에 성실할 수 있었고, 미래의 내가 된 것이다. 미래는 현재가 만들기 때문이다. 꿈을 따로 꾸었던 것은 아니지만 '내가 어른이 되면 선조님처럼 나라 일을 하는 훌륭한 사람이 되고 싶다.'고 생각했다. 지금 생각하면 이런 생각이 꿈인 것이다.

꿈이란 특별한 형식이 따로 있는 것이 아니다. 나는 대학을 들어가기 위해 고등학교 학적부를 발급받고 깜짝 놀랐다. 장래의 희망란에 '공무원'이라고 적혀 있었기 때문이다. 공무원이 되려면 인문 과목을 공부해야 합격할 가능성이 있었지만 나는 취업이 목적인 상업계 고등학교에서 공부를 한 것이다. 내 상황에 맞지 않은 큰 꿈을 학적부에 새겨 놓았던 것이다. 이처럼 꿈이란 현실과 타협하는 것도 아니고, 누구의 눈치도 볼 필요가 없는 것이다. 자신이 원하는 것이 꿈이 되고, 그것을 세상에 선포하면 자라게 되는 것이다. 꿈은 이룬 자의 것이 아니라 꿈을 꾸는 자의 것이 되는 것이다.

나는 정년의 나이임에도 아직도 하고 싶은 일들도 많고, 일에 대한 열정도 많다. 청년층이든 장년층이든 꿈을 꿀 수 있는 때가 따로 정해져 있는 것은 아니다. 언제든지 용기 있는 자들은 오늘도 세상에 도전장을 던진다. 나 역시 아직 큰 꿈이 남아 있다. 이는 지구촌 어려운 환경의 사람들에게 사랑을 전하는 '기부재단'을 설립하는 것이다. 이 꿈을 품은 것은 그동안 나와 가족들을 위해 살았다면, 지금부터는 사회에 도움이 되는 공익적인 일을 하고 싶어서이다. 이것을 현실로 만들기 위해 뒷받침해줄 작은 꿈들도 줄 서있다. 이처럼 삶이 있는 한 꿈은 계속 이어지는 것이다. 나이와 상관없이 원하는 욕망을 구체화하는 것이 꿈이다. 꿈은 꾸는 자의 것이 되고, 목표의 달성은 행동하는 자의 것이 된다.

시사주간지 문화부 기자 출신인 김선재의《새우잠을 자더라도 고래 꿈을 꾸어라》에 보면 "고래는 어항 속에서 살 수 없다. 꿈을 가지되 되도록 크게 가져라."라고 나온다. 또 "크고 원대한 꿈은 생각도 행동도 크게 만듭니다. 그러나 소박한 꿈은 그 꿈의 크기만큼이나 사고도 행동도 소박하게 만듭니다. 인간은 능력이 무한대임에도 불구하고 스스로 꿈을 제한시키려 하는 경향이 있습니다, 도전하는 게 두렵고 무섭기 때문입니다. 이렇게 자기의 꿈을 자꾸만 축소시키면 결국은 마음도 위축되기 마련입니다."고 했다.

그렇다. 꿈은 크게 꾸어야 한다. 설사 꿈이 깨어지더라도 그 조각은 크다. 건물을 하나 건축할 때 설계도에 의해 건물이 완성되듯이, 꿈도 자신이 정해 놓은 설계도에 의해 완성된다. 우리가 걸음을 걸을 때 보폭을 얼마로 할지, 계단의 높이가 얼마나 되는지, 또 재질은 물렁한지, 딱딱한지, 그런 것을 관재탑인 뇌에서 총괄적으로 분석해서 내놓은 결과 값에 의해 걷게 된다. 꿈도 마찬가지로 크게 꿀 때와 작게 꿀 때에 따라 우리 뇌는 맞춤식 설계를 한다. 이 설계에 따라 생각과 행동이 나온다.

아직도 꿈을 꾸지 않고 있다면, 지금이라도 늦지 않다. 후회는 아무리 빨라도 가장 늦고, 시작은 아무리 늦어도 가장 빠르다. 꿈은 꾸는 순간부터 자라기 시작한다. 꿈은 누구의 눈치도 보지 말고 내가 좋아하는 것을 선택해야 한다. 학벌이 낮아서, 나이가 많아서, 말주변이 없어서, 시간이 없어서 등은 꿈을 꾸는데 불필요한 조건들이다. 꿈을 향해 최선을 다한 후 기다리면 그다음은 하늘이 돕는다. 간혹 부모님이 원하거나, 주변 사람들의 성공을 보고 쫓아가는 꿈은 성공할 확률이 낮다. 왜냐하면 내 속 사람이 원하는 것이 아니기 때문에 조금만 힘들어도 포기할 구실을 만들어낸다. 하지만 내가 원하는 꿈은 해소되기 전까지는 계속 도전하게 된다. 혹시 큰 시련을 만난다 하더라도 잠시 쉬었다 갈망정 쉽게 포기하지 않는다.

꿈은 상상하는 만큼 크게 꾸어야 한다. 세상은 인간의 상상을 받아들일 준비가 되어 있다. 꿈을 꿀 수만 있다면 무엇이든 이룰 수도 있다. 자신의 꿈이 지나치다고 생각할 필요도, 꼭 현실적일 필요도 없다. 또 꿈을 꾸는 데 자본금도 필요 없다. 꿈은 꾸는 게 목적이다. 꿈은 시작점이며 결과이다. 그 한계는 자신이 정하는 것이다. 꿈은 크게 꾸고 행동은 주저함이 없어야 한다.

02

꿈은 포기의 대상이 아니다

한 차례의 패배를
최후의 패배로 혼동하지 말라

- F. 스콧 피츠제럴드 -

나는 국가공무원 9급 공개채용 시험에 응시했으나 낙방했고, 그 후 국가공무원 세무직 7급 공개채용 시험에 응시하여 합격했다. 또 자격시험, 국악 전수자 등 각종 자격시험에 응시하였으나 단번에 합격한 사례는 드물다. 특히 80년대 초 자가운전이 대중화되기 전 운전면허 시험에서 12번 낙방하고, 13번 만에 운전면허 1종을 취득했다. 삶 가운데 자신의 한계를 넘어야 할 때가 많다. 이때 자신의 한계를 넘을 것인지, 그 여부를 자신에게 질문해 보면 된다. 시작도 끝도 자신이 정하기 때문이다. 그러므로 시작한 일의 성공여부를 미리 알 수 있다. 여기에는 꼭해야 하는 것과 하면 더 좋은 것으로 나눌 수 있다. 전자의 경우는 시작하게 되면 반드시 끝을 보겠지만, 후자의 경우는 환경에 영향을 받을 가능성이 크다. 그러나 이미 세상에 태어난 일이라면, 누군가 그 일을 했을 것이다. 누군가 해냈다면 나도 분명히 할 수 있는 일이다. 내가 원하는 것을 얻기 위해서는 수고를 멈추지 말아야 얻을 수 있다.

첫 술에 배부른 것이 없고, 완벽한 것도 없다. 세상 어떤 것도 하루아침에 명작을 만들 수 없다. 간혹 로또복권에 당첨되었다는 소식은 듣고 있지만, 그것은 자신이 노력한 대가가 아니기 때문에 쉽게 날아가 버린다. 로또는 분명 하늘에서 준 행운이다. 그러나 행운이 올 때에는 불운과 함께 온다. 행운과 불운이 뒤섞여 있는 것을 분리할 줄 아는 눈을 가지고 있을 때만 자기 것이 되는 반면, 그렇지 못한 경우에는 오히려 패가망신하게 된다. 이렇듯 성공한 인생의 주인공이 되기 위해서는 자기 노력 없이는 불가능하다. 튼실했던 기업이 2세, 3세 경영 체제로 넘어가고부터 기업체가 어려움에 처한 사례를 종종 접한다. 이는 필연적인 결과이다. 그 원인은 딱 한 가지이다. 부모로부터 물질적인 경제적 환경은 물려받았지만, 성공하기까지 하루하루 쌓았던 성실한 삶과 전문 기술력은 전수받지 못했기 때문이다. 세상에 공짜는 없다. 성공이란 철저한 자기 노력에 의해 얻어지는 결과물이다. 이것이 성공이고, 인생이고, 세상일이다.

나는 어린 시절 가세(家勢)가 기울게 되어 경제적으로 어렵게 생활했다. 가정환경이 어려워 대학 진학이 목표인 인문계 고등학교를 가지 못하고, 취업이 목적인 상업계 고등학교에 입학해서 졸업을 했다. 인문 과목을 공부하고 졸업한 학생들은 대학을 가거나 공무원 시험을 보는 반면, 상업 과목을 공부하고 졸업을 한 학생들은 대부분 취업을 했다. 나는 고등학교를 졸업한 그 해 부산지청에서 실시했던 교육을 받고, 평가시험을 치른 후 지청에 배치되었다. 근무한지 3개월 만에 정규직 공무원이 아닌 일용직 사무요원인 것을 알게 되었다. 공무원이 되기 위해서는 공개채용 시험을 반드시 통과해야 한다는 것을 몰랐던 것이다. 나의 국가기관 입문은 이렇게 시작됐다. 나라의 일을 하고 싶었던 소망은 이루어졌지만 완성된 성공은 아니었던 것이다.

국가 기관에 근무하게 되어 자부심이 컸던 것도 잠시 공무원이 아니라는 사실을 알고 난 후 자존감에 큰 상처를 받았다. 그때부터 자존감은 무너졌고, 그 자리에 자존심이 가득 찼다. 자존심이 아닌 자존감을 회복하기 위해 정규직 공무원 되겠다고 시험을 보았지만 낙방했다. 시험 결과는 정직했다. 시험을 준비를 할 때 '할 수 있다. 하면 된다. 반드시'라는 당찬 각오 대신 '시험에 합격하면 좋겠다.'라는 남의 일 생각하듯이 소극적으로 임했다. '나는 상고 출신이기 때문에 합격은 어려울 것이다.'라는 부정적인 마음도 있었다. 수백명 직원 중 정규직 여성 공무원은 2명뿐이란 사실을 핑계로 합격에 대한 간절함도 부족했다. 시험에 실패를 한 후 억울하거나 아쉬움도 없었다. 이는 시험공부를 간절하게 하지 않았다는 증거이다. 그러다 보니 큰 기대도 하지 않았던 것이다. 내가 미리 맞추어 놓았던 시스템에 100% 일치한 답을 받은 것이다. 이후 공채 여성 공무원들이 점차 늘어나게 되면서 남직원과 여직원으로 구분하던 것이 정규직과 비정규직으로 구분하기 시작했다. 미래의 나를 준비하지 못했던 대가를 톡톡히 치러야 했다. 내가 나라 일을 하고 싶었던 것은 맞지만 '이것은 아니지 않나' 하는 생각을 했다. 이후 공채 시험을 보아서 정규직 공무원이 되는 것이 숙원이 됐다.

　　정부 조직개편과 때를 맞춰 공개채용 시험에 도전했다. 이때의 마음가짐은 사생결단이라고 표현해도 부족함이 없을 정도로 합격에 대한 굳은 결심이 있었다. 한마디로 사활을 건 것이다. 처음 공무원 시험에 응시했을 때와는 마음가짐부터 달랐다. 데드라인을 1년으로 잡고 '반드시 합격해야 한다.'는 지상명령 같은 것을 나에게 내렸다. 이때부터 생활환경을 시험공부 시스템으로 모두 바꾸었다. 공부의 첫 시작은 화이트보드에 큰 글씨로 '축 합격'이라고 쓴 글을 책상 맞은편 벽에 붙인 것이다. '이 글을 날마다 보면서 나를 몰아붙였다. 시험공부는 학원에 가지 않고 이론서와 동영상으로 8회독을 했다. 낯선 지역이라도 한번 본 것은 세월이 흘러도 계속 기억 속에 있다. 내가 공부 방법으로 택한 것은 눈으로 사진 찍기였다. 그렇게 하기 위해서 이론서와 동영상을 최대한 많이 보며 반복했다. 그리고 발이 머무는 곳인 거실, 공부방, 식탁 유리 밑, 화장실, 현관문 안, 현관문 밖 등 메모를 붙일 수 있는 곳은 모두 도배를 해놓았다. 눈을 뜨고 있는 동안에는 계속 볼 수 있도록 했다. 지성이면 감천이라 했듯이 데드라인 안에 '합격' 통지서를 받았다. 마음이 결심을 하면, 몸은 저절로 따라가는 것이다.

어떤 일에서 성공하기까지 자신과의 싸움에서 이겨야만 외부의 성공을 가져올 수 있다. '가능하면 좋겠다'는 바람으로는 좋은 결과를 얻을 수 없다. 학교 다닐 때 공부란 한 권의 책을 끝내면 그 과목은 공부를 다 한 것이라고 생각했다. 철이 들어서 공부를 해보니 공부란 마지막 페이지에 도달하는 것이 아니라, 그 책의 내용이 내 것이 될 때까지 하는 게 공부의 끝임을 알았다. 실제 내 것이 되도록 익히기 위해서는 볼펜 잉크가 떨어지도록 쓰고, 또 쓰며 반복해서 해야 한다. 이때 전략적이고 기술적인 방법을 더하면 훨씬 수월하게 목표달성을 할 수 있다. 그 방법은 '반드시'와 '데드라인'으로 책임감을 주고, '형광펜'으로 내용을 기억하도록 해주는 것이다. 시험을 본지 꽤 오랜 세월이 지났지만, 이론서에 삼색 컬러 형광펜으로 중제목, 소제목, 내용을 구분 표시해놓았던 책의 면면이 아직도 눈에 흔하게 보인다.

인류의 역사를 새로 썼던 에디슨도 수만 번의 실패를 통해 위대한 발명가가 되었다. 그는 시도한 것이 자신이 원하는 결과를 얻지 못했을 때 실패라고 여기지 않았고, 여러 가지 실행 중 각기 다른 결과가 나온 것이라 했다. 그의 말처럼 모든 행동을 독립적으로 보면 자신이 원하는 답이 아니라는 점일 뿐이다. 이처럼 생각의 관점을 바꾸면 답도 달라진다. 99번 자신이 원하는 답이 아니라고 해도 100번째 흡족한 답을 얻으면, 99번은 성공한 한 번의 디딤돌로

쓴 것이다. 100번까지 실행하는 동안 '꼭해야 돼?'라는 포기의 유혹이 있을 수 있다. 그 유혹을 따라가지 않고 성공을 이끌어 냈다면 100번 모두 성공의 한 덩치가 된다. 실패는 완전히 그 일을 포기하고 접었을 때 실패라고 해도 늦지 않다. 성과가 없는 한 가지 일에 계속 몰입하는 사람을 보면 '미쳤다'고 말한다. '미쳤다'는 말을 듣고 있다는 것은 오히려 성공을 알리는 전주곡일 가능성이 크다. 마음이 정한 일은 결국 해내게 된다. 할 수 있는 일임에도 인내하지 못하고 쉽게 포기하는 사람은 다른 일에서도 끝을 못 볼 가능성이 있다.

"일은 해보면 쉬운 것이다. 그럼에도 시작도 하지 않고 어렵게만 생각하기에 할 수 있는 일들을 놓치게 된다."는 맹자의 일침이 있다. 인생에서 가장 후회스러운 일은 시작하지 않는 것과 시작했더라도 미처 끝맺지 못한 일일 것이다. 인간은 그 어떤 일도 마음만 먹으면 다 해낼 수 있다. 실행해 보았을 때 원하는 답이 아닐 수 있다. 그러나 그것은 실패가 아니다. 자신이 삶에서 완전히 사라지지 않는 한 그 일은 또 해 볼 수 있다. 실패의 완성은 내가 세상에서 사라진 후에 되는 것이다. 그러나 포기는 하지 말아야 한다. 자신이 용납하지 않는 한 꿈을 포기로 이끌자는 없다.

03

꿈을 꾸는 순간 길이 열린다

당신의 운명이 결정되는 것은
결심하는 그 순간이다.

- 앤서니 라빈스 -

나는 '세계를 움직이는 동기부여 강연가가 되자.'는 꿈이 있었다. 이 꿈은 90년대 말, 미국을 갔다 오던 비행기 안에서 생겼다. 당시 우리나라는 IMF 사태를 맞고 있었다. 1997년 12월 국가부도 위기 상태에서 국제통화기금(International Monetary Fund)에 구제금융을 신청하고 양해각서를 체결한 것이 IMF 사태다. IMF 사태로 11% 하던 은행 금리가 25%까지 올랐고, 금융 자금을 많이 사용하던 대기업들이 줄줄이 부도가 났다. 이때 기업은 구조조정을 단행 했고, 개인은 강제퇴직과 명예퇴직으로 일자리를 잃었다. 이로 인해 사회 전반에 걸쳐 경기가 위축되었다. 이때 공공기관과 공직사회도 예외는 아니었다. 이때 나도 아이들 미래를 위해 생활환경을 바꿔보기로 했다. 영어권인 미국으로 갈 생각을 했다. '쇠뿔도 단김에 빼라.'는 말이 있듯이 이런 생각이 들고 바로 뉴욕에 현지답사를 갔다 왔다.

뉴욕공항에 도착했을 때 답사를 도와줄 목사님이 픽업을 나왔다. 이분은 우리 부부의 숙소를 한인촌과 가까운 곳에 잡아 주었다. 먹는 것부터 시작해서 쇼핑 등 모두 한인들이 운영하는 곳을 다니게 되었다. 현지에 도착해서 만난 사람은 대부분 한인들이었다. 당연히 한인을 대상으로 목회를 하시는 분의 안내를 받았기 때문에 그럴 수밖에 없었다. 그러나 내가 미국에서 보고 싶었던 것은 미국 사회와 학교체제였다. 그러나 한인촌에 도착해서 며칠간 있는 동안 현지 생활을 보고, 한국에서 미래를 위해 세웠던 설계는 여지없이 무너졌다. 한국에서 바라보았던 미국은 능력 있고, 화려해 보였던 것과 달리 우리 교민들은 생활이 너무 힘들어 보였다. 그야 이민자들이 미국 현지인들과 경쟁해서 우위에 선다는 것은 힘든 일이라고 감안해도 한산한 식당과 상가 운영자들의 활기는 거의 없었다. 모국에서 IMF를 맞고 있으니 여행객과 친지 방문자들이 줄어 그 영향이 교민들에게까지 미친 것이다. 나는 어떤 생각을 하면 행동으로 바로 옮기는 것에 머뭇거리지 않는다. 아이들 공부도 좋지만 지금은 미국으로 옮길 때가 아니라는 판단을 했고, 바로 없던 일로 했다. 그때 입국하는 비행기에서 '교민들이 잘 살 수 있도록 하는 방법이 없을까?'라는 생각을 했다. 교민들 마음속에 '부자가 되자.'는 마음을 심어주는 역할을 하고 싶었다. 그때 '사람의 마음을 움직이는 동기부여 강연가가 되자.'고 하는 씨앗이 생겼다.

아이디어 제품이나 발명품은 기업에서 연구비를 투자한 것도 있지만 생활과 밀접한 생활용품들은 대부분 소비자가 사용하다가 불편함을 보완해서 탄생한 것이다. 나도 우리 가족의 미래를 위해 미국행을 생각했고, 현지답사에서 계획을 접기는 했지만, 동기부여 강연가가 되는 꿈이 생긴 것이다. 당시 나는 남들을 리드할 만한 지식이나 조건을 갖추었던 것이 아니었다. 얼토당토 않는 현실과 동떨어진 그런 꿈이 생긴 것이다. 이처럼 꿈이란 미리 계획을 하거나, 해낼 수 있을 것이라는 예측에 의해 꾸는 것이 아니다. 그저 아무런 조건 없이 내가 욕망하는 것을 세상에 선포하면 꿈이 되는 것이다. 꿈을 현실로 만들어주는 것은 행동이다. 행동하기 전에 안 될 것이라는 예측은 자신의 삶에 엄청난 오류를 범하는 것이다. 내가 존재하는 한 자신이 욕망하는 것에 도전해 볼 수 있다.

우리 가족의 미래를 위해 삶을 미국으로 옮겨 심으려고 생각을 했을 때, 현지에 친지도, 아는 사람도 없었고, 더구나 영어도 못 했다. 나에게 힘이 되는 것은 하나도 없었다. 그래도 욕망에 따라 맨땅에 헤딩하듯 해보려고 한 것이다. 나에게 큰 장점이 하나 있었다. 생각하면 바로 실행해보는 용기다. 미국을 가야겠다는 생각이 마음에 들어오고 바로 여권과 비자를 발급받아 티켓팅을 해두었다. 간절히 원하면 이루어진다는 것을 믿었고, 그 힘에 의해 일단 행동으로 옮긴 것이다. 미국으로 떠날 준비를 하고 출국일만 기다리고 있을 때

뉴욕에서 목회하는 목사님이 우리 교회에 오셨다. 그것도 다른 교회에 부흥회를 오셨는데, 그 일정이 무산되어 우리 교회에 한 타임 설교를 오신 것이었다. 좌표도 없는 허허벌판에 용기 하나로 미국에 갈 생각을 하고 있던 차에 천군만마를 얻은 것이나 다름이 없었다. 예배가 끝난 후 그분의 숙소를 찾아가 자초지종을 말씀드렸다. 미국에서의 모든 일정에 동행해 주시겠다고 흔쾌히 승낙했다. 이후 일정에 맞춰 현지답사를 하고 여행도 잘 했다. 아무런 대책이 없어도 꿈이 있으면 이를 행동으로 옮기고 기다리면 길이 스스로 열리는 것이다.

미국을 다녀온 다음 비행기에서 꾸었던 꿈은 현실에 떠밀려 어떠한 준비도 하지 못하고 잊고 살았다. 그 후 1년의 세월이 지나 백혈병을 진단받았다. 당시에는 백혈병에 대한 치료방법이 딱히 없었던 관계로 삶을 포기할 수밖에 없었다. 그러던 어느 날 갑자기 삶에 대한 애착이 생겼다. 그때 새 삶의 도전으로 시작한 것이 학교 공부이다. 건강이 좋지 않은 가운데 12년에 걸쳐 공부를 했고, 마지막에 경영학 박사학위를 취득했다. 이때부터 남을 가르칠 수 있는 공식적인 자격이 갖추어진 것이다. 처음에 동기부여 강연가가 되겠다는 꿈은 욕망에 따른 것으로 막연한 것이었지만, 꿈의 씨앗을 뿌려 놓았기 때문에 계속 자라고 있었던 것이다. 꿈을 이루고 첫 강연지로 시흥시청 산하 '시흥여성새로일하기지원본부'를 필두로 강연을 하였고, 공부했던 대학에서 강연을 하였고, 지금은 한 학교에서 4년째 강의를 맡고 있다. 해외 교민을 대상으로 강연을 하고 싶었던 꿈도,

미국 댈러스 소재 기업에서 강연을 한번 함으로써 해외강연도 첫 걸음을 뗐다. 꿈은 현실에 눈치를 볼 필요가 없다. 이처럼 꿈을 꾸면 자신도 모르게 그 길로 유도 되는 것이다.

미국의 작가 그레그 S. 레이드는 "꿈을 날짜와 함께 적어 놓으면 그것은 목표가 되고, 목표를 잘게 나누면 그것은 계획이 되며, 그 계획을 실행에 옮기면 꿈이 실현되는 것이다."라고 말했다. 그의 말처럼 꿈을 꾸고 목표를 세우고 행동하면, 그 꿈이 현실이 된다. 내가 어릴 때부터 큰 꿈을 꾸었더라면 '지금 나는 무엇을 하고 있을까?' 하는 생각을 해본다. 그러나 시작하는 그때가 가장 빠른 때이다. 늦은 시작은 없는 것이다. 주변사람들은 '공부를 해도 써 먹을 때도 없는데 40세가 넘어 고생스럽게 하느냐?'고 했지만, 나에게 꿈이 있었기 때문에 환경에 휘둘리지 않고, 공부를 할 수 있었던 것이다. 공부를 해놓고 보니 강의를 할 수 있는 문이 열렸다. 공부를 시작할 당시 써먹을 때가 없다는 말을 듣고 거기서 멈추었더라면 나의 미래는 불안하고 외로운 삶이 되었을 것이다. 그러나 지금은 나의 미래가 기다려진다. 하고 싶은 것도 많고, 해야 하는 일도 많고, 할 수 있는 일도 많아 그렇다.

2002년 월드컵 축구대회에서 우리나라가 4강 신화를 창조했다. 그때 '꿈은 이루어진다.'는 응원석을 덮었던 휘장의 응원문구는 지금도 생각이 난다. 그때 많은 사람들 마음에 '꿈은 이루어지는구나' 하는 것을 깨달았을 것이다. 우리나라가 한 번도 세계 4강 들어간 적이 없었던 것을 해낸 것이다. 물론 선수들을 이끄는 히딩크 감독의 리더십과 선수들의 실력도 있었겠지만 국민의 여망인 '꿈은 이루어진다.'라는 메시지를 가슴에 품고 있었던 것이 현실을 만들었다. 이런 원리를 알 수는 없지만 나의 인생 경험을 미루어 볼 때도 그냥 흘려 들을 말은 아니다. 내가 어릴 때만 해도 꿈에 관해 말해주는 사람도, 그렇게 생활하는 사람도 가까이에 없었다. 이는 시대적 환경과 지방 문화 등의 영향이 컸다. 꿈을 꾸고, 꿈을 현실로 만들도록 누군가 조언을 해준다면 이는 특혜이자 자본이 되는 것이다.

꿈을 꾸는 순간 길이 열린다. 준비가 되지 않았더라도 하고 싶은 욕망이 있다면 일단 행동으로 옮겨보아야 한다. 내가 뉴욕을 가려고 티켓팅을 하고 출국할 날짜를 기다리고 있을 때, 나를 인도해 줄 사람이 내 눈앞에 나타났다. 또 나의 현실과 동떨어진 동기부여 강연가가 되겠다는 꿈을 꾸었을 때 아무런 준비도 없었지만 공부하는 길이 열려서 꿈이 현실로 되었다. 세상은 인간이 지배하도록 설계되어 있기 때문에 원하는 모양대로 만들어 나갈 수 있다. 그러나 욕망이 있어도 행동으로 옮기지 않으면 나무를 심어 놓고 물을 주지 않는 것과 같다. 어떤 것도 행동으로부터 결과물이 나온다. 꿈에서 현실로 가는 문을 지키는 문지기는 문을 열어주려고 기다리고 있다. 그러므로 자신이 원하는 욕망이 있다면 주저하지 말고 행동하면 꿈이 현실이 된다.

04

꿈이 하나일 필요는 없다

인생은 하나의 실험이다.
실험이 많아질수록 당신은 더 좋은 사람이 된다.

- 에머슨 -

인천에 있는 한 대학에서 겸직교수로 강의를 하고 있다. 강의가 있는 날은 일찌감치 출발하여 여유 있게 도착한다. 강의를 갈 때 승용차로 이동을 하는데 여의도에서 인천을 잇는 경인고속도로를 타고 간다. 쭉 뻗어 있는 도로를 달릴 때 콧노래가 저절로 나온다. 신호등 신호에 따라 정지해 있는 차량들, 좌측과 우측 깜빡이 신호를 넣고 차선을 넘나드는 차량을 보면 기특한 마음이 든다. 운전자들은 사회적으로 합의된 약속을 당연히 지키는 것이겠지만 내 눈과 마음은 그렇게 느껴진다. 도로에 다니는 차량도 기특하게 보이는데 하물며 내 수업을 듣는 학생들은 말할 것도 없이 사랑스럽게 보인다. 학생들로부터 "대접을 받으며 수업을 받는 것 같아 자존감이 생깁니다."는 메시지를 받는다. 학생들이 그렇게 느끼는 것은 강의 시 열정과 사랑을 퍼붓듯 강의를 하기 때문이다. 이는 내가 좋아하는 일을 하고 있어 엔도르핀에 취해 기쁨이 충만한 가운데 강의를 하기 때문이다. 이렇듯 자신이 하고 싶은 일을 할 때 사물과 현상을 바라보는 관점도 긍정적으로 느껴진다. 그러므로 꿈은 해야 하는 것보다 마음이 원하는 것으로 꾸어야 한다.

꿈이 있는 사람은 주저함이 없다. 오늘의 꿈이 미래의 내가 되는 것이다. 꿈의 씨앗을 생산하는 것은 환경과 아무런 상관이 없다. '교수가 되겠다.'고 꿈을 꿀 때 '공무원은 겸직을 할 수 없고, 또 정년퇴직을 하고 나면 나이가 많다.'는 환경적 조건을 고려했다면, 아예 시도조차 못했을 것이다. 그러나 꿈은 환경적 조건에 맞춰 꾸는 것이 아니다. 분명, 꿈은 자기가 갖고 싶고, 하고 싶은 것으로 정해야 한다. 마음으로 꾼 꿈은 시간만 되면 저절로 이루어진다. 누군가 시켜서 한 것과 달리 오늘도, 내일도, 비가 오나, 눈이 오나 좋아하는 일은 환경에 구애를 받지 않는다. 자신이 원하는 일을 할 때 몰입이 되고, 즐길 수 있다. 원하는 일에는 행동이 따라가고, 행동을 하면 기회의 문이 열리고, 기회의 문이 열리면 꿈은 성취된다. 이것이 성공의 원리다.

인간의 욕구는 끝이 없다. 하나를 가져 본 사람은 두 개를 가지기를 강력하게 원한다. 성취로 얻어지는 자부심과 행복감을 알기 때문이다. 성공한 사람을 보면 하나의 잡(job)만 있는 것이 아니다. 동시다발적으로 많은 일을 해 낸다. 이처럼 인간의 욕구는 죽음이 오기 전까지 계속 샘솟는다. 그래서 꿈이 하나일 수 없다는 것이다. 꿈은 꾸는 것이고, 목표는 이루는 것이다. 인간의 본능적인 욕구로부터 일어나는 자연스런운 현상을 의식만 하면 꿈이 된다. 꿈은 어떤 장애물과도 상관없이 그저 꾸는 것이다. 꿈은 목적이자 완성형이다. 꿈이 정해지면 바로 몸을 그 방향으로 돌려놓으면 된다. 이렇게 했을 때 자신의 목표를 향해 몰입하게 된다. 환경적 조건을 둘러볼 필요도 없다. 성공한 사람 치고 환경을 따졌던 사람은 한 명도 없다. 어떤 일이나 음과 양은 존재한다. 어느 쪽을 선택할 것인지는 자신의 몫이다.

"절실하게 원하면 꿈은 반드시 이루어진다. 그것을 위해 다른 모든 것을 희생시킨다면, 그 어떤 것이든 가질 수 있다." 영국 스코틀랜드의 소설가이자 극작가인 제임스 M. 배리 경의 말이다. 그렇다. 간절하게 원하면 그것이 이루어진다는 것이다. 꿈을 이루기 위해 반대쪽을 희생시키면 어떤 것도 가능하다는 것이다. 이는 반대쪽을 희생시킨다는 것은, 꿈의 성취를 위해 에너지 분산을 막고, 몰입해야 한다는 것이다. 이것도, 저것도 동시에 다 해 내기는 사실상 어렵다. 그러나 하나를 성공한 사람은 그것을 자본으로 연계성 있는 일로 확장한다. 새로운 일을 하나 더 추가하더라도 이미 기초가 다져져 있기 때문에 기초 준비의 시간을 절감하게 됨으로 바로 본질적인 업무에 몰입할 수 있다. 몰입은 에너지가 분산되는 것을 막아 계획한 기간보다 빨리 성과를 볼 수 있게 해준다.

나의 첫 번째 꿈이자 첫 직업은 공무원이다. 공무원이 되었지만 처음에는 절반의 꿈만 이룬 것이었고 꿈을 완성시키기 위해 결심을 한 후 소원했던 공무원 합격 통지서를 받았다. 합격 통지서를 받던 날! 내가 나에게 의무를 다했다는 생각으로 마음이 홀가분하고, 기분이 좋았다. '10년 묵은 체증이 내려갔다.'는 말을 이럴 때 쓰는 것이구나 하는 실감이 났다. 이처럼 꿈도 반드시 해내고야 만다는 작심이 없으면 작은 것이든, 큰 것이든 성취하기 어렵다. 가치 있는 일은 쉽게 이루어지는 법이 없다. '반드시'라고 단서를 붙이면 초인적인 힘이 나오게 된다. 그래서 한번 성공한 사람들은 다른 분야에서 성공할 확률이 높다. 자기를 한번 이겨본 사람은 자신을 다룰 줄 안다. 성공한 사람들은 이런 말을 한다. "최선을 다한다고 성공하는 것은 아니다. 그러나 성공한 사람들은 최선을 다했다."

꿈이 있으면 행동이 따라간다. 그 꿈을 이루면 또 다른 꿈을 꾸게 된다. 꿈을 향해 시작했던 마지막 공부를 마치고 박사학위를 받던 날, 만감이 교차했다. 드디어 해냈구나! 너 참 고생했다! 공부할 당시 나이도 많았고, 경제적 여건도 열악했고, 건강도 좋지 않았다. 주변에서 염려가 많았지만 해냈다. '건강도 좋지 않고, 나이 많아 공부하기 힘들다.'며 말렸던 환경과 싸우면서 이루어낸 결과였기에 더 값진 선물이 된 셈이다. 가족 환경, 직장 환경, 경제 환경 어느 하나 내 편은 없었다. 오직 대학에서 강의를 하고 싶은 욕망만이 내 편이었다. 세상의 주인공은 바로 자신이다. 주인의 갑질! 많이 들어본 말일 것이다. '갑'이라는 것은 상대적으로 힘이 세다는 말이다. 세상의 갑인 내가 환경을 지배하는 것은 당연한 것이다.

성공한 사람들을 보라. 그들은 하나의 성공만을 이룬 것이 아니다. 하나의 성공에 만족하지 않고 다른 유사 분야에까지 확장한 것을 볼 수 있다. 기업체도 개인도 마찬가지다. 오히려 시간이 부족하다고 하는 사람들이 새로운 일에 관심이 많고, 도전하는 경우가 많다. 사람은 삶을 마감하는 그 순간까지 갖고 싶고, 하고 싶은 욕구가 계속 생긴다. 나는 아직도 꿈이 있다. 꿈 너머 꿈은 '기부재단' 설립이다. 또 이를 뒷받침할 동기부여가, 작가, 사업가 등의 꿈도 있다. 이중 이미 이룬 것도 있고, 새로 시작해야 하는 것도 있다. 이룬 꿈은 확장의 의미가 있고, 새로운 일은 지금부터 시작이다. 또 부수적으로 바디(body)화보 업데이트와 노래음반 제작, 영어공부 등도 줄서있다.

내가 원하는 것을 얻기 위해서는 환경과 조건에 휘둘리지 말아야 한다. 악조건을 이기는 힘이 시작의 첫발이다. 누구나 다해낼 수 있다면, 시도도, 도전도, 성공도 아니다. 누구도 안 된다고 포기했을 때, 그것을 해내는 자가 진정한 승리자이다. 하나의 성공이 끝나면, 그 성공이 디딤돌이 되어, 더 큰 꿈이 생긴다. 꿈의 성공은, 곧 새로운 꿈의 출발을 의미한다. 꿈은 하나일 필요가 없다.

05

벼랑 끝에서도 꿈은 자란다

내 생애 최대의 자랑은 한 번도 실패하지 않았다는 것이 아니라
넘어질 때마다 다시 일어섰다는 것이다.

- 골드 스미스 -

'공은 바닥을 칠 때 더 높이 튄다.'는 말이 있다. 인생도 마찬가
지이다. 대부분 평온한 환경의 사람들은 크게 성공하지도, 크게 실
패하지도 않는다. 삶이 그냥 평온할 뿐이다. 이런 사람은 부모를 잘
만난 사람이거나, 큰 욕심이 없는 사람일 것이다. 누구나 자신의 선
택과는 무관하게 태어나서 한 가문의 사람이 된다. 이때부터 자신
에 대한 삶의 환경이 어느 정도 정해진다. 그러나 인간은 선천적 숙
명보다 후천적 운명이 더 중요하다. 신은 인간에게 세상을 담을 수
있는 크기의 그릇을 각자에게 주었다. 그 그릇은 숙명이다. 숙명의
그릇에 자신의 삶을 채우는 것이다. 즉 운명을 채우는 것이다. 숙명
론만 믿고 그대로 받아들인다면 빈 그릇을 들고 있는 꼴이다. 인간

은 태어나면서부터 미래를 향해 가기 때문에 이미 정해져 있는 틀의 생활은 인생에 의미가 없다. 삶의 희로애락(기쁨, 노여움, 슬픔, 즐거움)의 분배를 잘하는 것은 자신의 몫이다. 그러나 피할 수 없는 어려움을 맞이할 수도 있다. 문제 속에는 반드시 답도 함께 있다. 이 답을 볼 줄 아는 눈을 가져야 한다. 위기 속에 기회가 있다는 말과 같은 의미이다. 이때 자신의 한계를 넘어보면 성공이란 큰 선물이 보일 것이다.

90년대 후반 우리나라가 IMF를 겪었다. IMF 사태로 기업은 구조조정을 해야 했고, 개인은 일자리를 잃는 등 모든 국민들이 고통을 받았다. 그러나 예상과 달리 IMF를 단기간에 벗어났다. 하지만 남편의 사업체는 그 후유증으로 재기하지 못하고 회사 문을 닫아야 할 상황이 되었다. 남편의 사업체에 문제가 생기고 나니 아이들의 미래가 걱정이 되었다. 사업체를 물려줄 정도로 큰 규모는 아니었지만, 이 계기로 아이들의 미래를 구체적으로 생각해 보게 되었다. 우리 집 경제는 내 봉급과 남편이 주는 생활비를 합쳐도 늘 마이너스였기 때문에 앞으로 생활이 더 어려워질 것은 뻔했다. 이때 막내가 사춘기를 한창 겪고 있어 고민을 하던 중에 설상가상으로 걱정이 겹치게 되었다. 아이들의 미래를 위해 꺼내든 카드가 '조기유학'이었다. 나라는 중국이다. 중국을 선택한 이유는 간단하다. 혼자 공부를 보내기에 지리적으로 가깝고, 유학비가 적게 들고, 앞으로 크게 발전할 것으로 생각했다. 아이가 중국어를 잘하게 되면 중국인을 대상으로 무엇이라도 해도 먹고사는 데는 문제가 없을 것으로 판단했다.

　나는 어떤 일을 결정할 때 직관적으로 바로 한다. 그리고 즉시 행동으로 옮긴다. 행동으로 신속하게 옮기는 것은 생각한 것이 환경에 영향을 받지 않도록 하기 위해서이다. 현실에 영향을 받게 되면 물거품이 될 가능성이 있기 때문이다. 내 생활의 환경은 언제나 열악했다. 좋은 환경의 날이 언제 올지, 또 그날은 언제인지, 미래의 일이라 모른다. 현재의 내 환경에 맞추어서만 생활해야 하는 것은 아니다. 미래의 일은 아무도 모른다. 그렇다면 생각을 행동으로 못 옮길 이유가 없다. 50대 50이다. 행동하지 않으면 결과도 없다. 어떤 생각을 하고 행동으로 옮기는 간극이 길면 현실과 타협하게 된다. 그렇게 되면 첫 생각은 소멸될 공산이 크다. 남들은 나 보고 성격이 급하다고 하지만, 내 상황은 언제나 열악했기 때문에 앞뒤를 재는 순간 일장춘몽(一場春夢)이 될 수 있다. 그래서 생각이 머리에 들어오면 일단 행동으로 옮겨 놓고, 다음일은 그때 생각한다. 행동을 하다보면 자연스럽게 길이 열렸고, 좋은 결과를 얻었다. 내가 '특별한 사람이라서, 더 많은 노하우가 있어서'가 아니다. 다만 남들과 다른 것은 생각을 바로 행동하는 용기이다.

　부모는 자식에게 천하의 모든 것을 아낌없이 주고 싶어 한다. 부모가 되어본 사람은 공감할 것이다. 자식에 대한 사랑은 그 어떤 것과도 상대적일 수 없다. 가족의 반대가 있음에도 막내를 중1 때 중국으로 보냈고, 다음 해 큰 애를 고1 때 미국으로 보냈다. 그 후 막내는 중국에서 중학교를 졸업하고 고등학교와 대학은 미국에서 마쳤다. 큰 애도 고등학교부터 대학원까지 현지에서 마쳤다. 자녀 둘을 유학 보낼 정도이면 경제적으로 부유할 것이라고 생각하겠지만, 앞에서 말한 대로 남편의 사업체가 한 치 앞을 예측하기 어려운 상황으로 경제적 어려움에 시달렸을 때라 남들이 생각하는 것과는 정반대의 환경이었다. 오히려 우리 가정은 큰 위기를 맞고 있었다.

"사람이 감당할 시험 밖에는 너희에게 당한 것이 없나니, 오직 하나님은 미쁘사 너희가 감당치 못할 시험 당함을 허락지 아니하시고, 시험당할 즈음에 또한 피할 길을 내사 너희로 능히 감당하게 하시느니라." 이는 성경 말씀(고전10:13)이다. 나는 사람에게 주어진 문제는 해결할 수 있는 능력이 있다는 말을 믿었다. 일단 시작을 하면 해낼 수 있을 것이라는 강력한 믿음에 의해 나는 배짱 있게 행동을 한다.

아이들 유학경비는 자신들이 용돈을 저금해서 모았던 1천5백만 원으로 출발했다. 남편은 사업체 재기를 위한 모색을 해야 할 때였고, 내 봉급으로는 생활비와 대출이자에 쓰기도 모자랐다. 이런 환경에서 아이들을 유학 보낼 수 있었던 것은 전후 사정 따지지 않고 아이들 교육에만 초점을 맞추었기 때문이다. 부모는 자녀에게 교육을 시켜야 할 의무가 있고, 자녀 또한 교육을 받을 권리가 있다. 교육 이외의 환경을 생각하는 순간 한 발자국도 못 움직인다. '하늘이 무너져도 솟아 날 구멍은 있다.'는 말이 있다. 문제를 만나게 되면 해결할 수 있는 방법이 있다는 것이다. 첫 1년은 본인 돈으로 버틸 수 있다. 그러나 그 후에 일어날 일은 그때 생각할 문제이다. 먼 바다에서 등대 불에 의지하고 그곳을 향해 좇아가면 항구를 찾을 수 있듯이 나는 '자녀교육'만 바라보았다.

경제적 여건이 어려울 때 아이 둘을 유학 보낼 수 있었던 것은 어떤 일 앞에서 미리 겁먹지 않는 배짱이 있었기 때문이다. 흔히 일 반상식에서 벗어나면 '미쳤다.'는 말을 한다. 주변에서 우리 집의 경 제적 환경에 비추어 유학이라는 카드를 던진 나를 미쳤다고 표현해 도 과언이 아닐 정도였다. 성공한 사람은 누구나 그 분야에 미치지 않은 사람은 없다. 나도 성공한 삶을 살기 위해서 미친 짓을 한 것 이다. 일반적인 생각을 가진 이는 항상 평온하다. 이들은 가능해야 하고, 내가 할 수 있고, 불가능한 일은 하지 않는다. 이런 사람은 크게 성공하는 것도 실패하는 것도 없다. 그러나 삶의 에너지가 되는 보람 과 자부심 같은 것 역시 얻을 수 없다. 부모가 위험부담이 있더라도 선진 교육을 받게 해주는 것은 당연하다. 아이들의 성공은 바로 내 성공이다. 자녀교육을 챙기는 것은 결국 내 인생을 챙기는 것이다.

배짱과 용기의 대가는 혹독했다. 아이들이 졸업할 때까지 경제 적 압박과 정신적 압박으로부터 이중고를 감당해야 했다. 자신의 한계를 넘는 도전은 위험한 일을 하는 직원에게 위험수당을 지급하 듯, 도전에도 위험수당이 있다. 세상은 공평하기 때문에 반드시 균 형이 맞추어진다. 아이들을 유학 보낸 후 때를 맞춰서 현지에 보호 자도 생겼고, 부동산 가격도 올랐다. IMF 때 부동산 경기가 바닥을 치다가 다시 되살아 난 것이다. 아파트를 소유하고 있었지만 실제 빈 깡통이었던 것에 가득 채워졌다. 막내를 중국으로 보내고 3개월 만에 중국 일조시의 당서기와 부시장, 관료들을 대거 알게 되었다. 이분들은 아이를 일조시에 보내면 잘 돌보아주겠다고 권했지만, "수도 북경에서 공부하도록 하고 싶다."고 의사를 말했더니 북경 주재소에 연락을 해 보호를 받을 수 있도록 조치를 취해 주었다. 큰 애도 미국으로 보낸 후 1개월 만에 보호자가 생겼다. 미국 시민권자이며 크게 성공하신 S 그룹 회장님을 알게 되어 아이의 보호자가 되어 주었다. 이분들은 지리적으로나 사회적 신분으로나 보나 내가 쉽게 만날 수 있는 분들이 아니다. 그러나 내 눈앞에 보호자로 나타나 주었다. 이처럼 시작하면 기적같이 길이 열린다.

마음이 하고자 할 때 행동하는 것에 겁내지 마라. 고통이 있다는 것은 그에 따른 대가가 있다는 것이다. 고통과 고난 너머는 반드시 선물이 기다리고 있다. 공이 바닥을 칠 때 더 높이 튀듯이 고난과 역경 속에는 점프할 수 있는 기회가 숨어 있다. 삶의 위기는 참된 성숙을 만드는 과정이다. "진정으로 웃으려면 고통을 참아야 하며, 나아가 고통을 즐길 줄 알아야 한다."는 찰리 채플린의 말도 있다. 이처럼 꿈이 있고, 운명을 바꾸고 싶은 사람은 고통을 참고, 또 즐길 줄도 알아야 한다. 세월에 얹혀 그냥 살면 고통은 없겠지만, 내가 원하는 것을 얻을 수 없다. 꿈은 삶을 활력 있게 만들어 주는 윤활유 같은 역할을 한다. 꿈은 마음이 원하는 것이기 때문에 한번 생기면 벼랑 끝이라도 자란다.

06

아르바이트는 꿈의 디딤돌이다

먼 곳을 가려면 반드시 가까운 데로부터 하며,
높은 곳을 오르려면 반드시 낮은 데로부터 함과 같다.

- 중용 제15장 행원자이장(行遠自邇章) -

"여러분! 사회에 진출하기 전에 꼭 아르바이트를 해보세요."
내가 강의하는 대학의 학생들에게 자주 하는 말이다. 과거에는 생
계수단으로 아르바이트를 했지만, 지금은 생계수단 보다 경험을 쌓
기 위해 하는 경우가 많다. 대학생들은 곧 사회로 진출해야 한다.
그동안 부모나 선생님이 보호자 역할을 해주어서 자신이 책임져야
하는 것이 없었다. 그러나 사회는 좀 다르다. 누가 시켜서 하든, 그
렇지 않든 모두 자신의 것이 된다. 아르바이트를 해보는 것은 사회
로 진출하기 전에 축소된 사회를 보게 되고, 또 사회인이 될 자신을
보게 되는 것이다. 이때 자신의 모습 중에서 권장할 것, 개선할 것,

버릴 것을 구분해 새 단장을 하면 A급 사회인이 될 수 있다. 인생의 선배 입장에서 대학생들에게 아르바이트를 권장한다. 아르바이트를 통해 간접적인 사회 경험, 경제적 창출, 자기 극복, 이 세 가지를 배울 수 있다. 이를 경험함으로써 생각이 커지고, 세상을 보는 눈이 달라지고, 안목이 생기면 꿈의 크기도 달라진다.

첫째, 사회 경험이다. 지금까지는 부모로부터 보육과 교육을 받으며 온실 속 화초처럼 곱게 자랐다. 하지만 대학을 졸업하고 나면 원하든, 원치 않든 사회인으로 홀로 서게 된다. 사회 초년생들은 누구나 어려움을 겪게 된다. 이런 어려움이 조금이라도 완충될 수 있도록 사회 경험을 미리 해보는 것이 좋다. 정규직이 아닌 비정규직으로 파트타임으로 일을 하게 되면 열악한 환경을 헤쳐나가는 방법을 배울 수 있다. 과거에는 사회 초년생 때 선배들이 처음부터 일일이 다 가르쳐 주었다. 그러나 지금은 바로 실무를 보게 되는 경우도 많다. 기존 직원들이 자신의 업무량이 많기 때문에 일일이 신경을 못써주는 경향도 있다. 사회진출에 앞서 작은 사회, 작은 조직을 통해 경험을 해보면 경험이 없는 사람보다 경쟁력이 있다. 특히 사장과 종업원 관계, 종업원과 고객 관계, 거래처와의 사장 관계를 읽을 수 있다.

둘째, 경제적 창출이다. 그동안 10원짜리 하나부터 큰돈까지 필요한 돈은 모두 부모의 도움을 받았다. 특별한 공로 없이 받은 돈이라 돈의 소중함과 그 가치를 모른다. 즉 경제적 관념이 없는 것이다. 돈의 가치는 지폐에 인쇄된 숫자가 일반적이지만, 실제 돈의 가치는 천차만별이다. 내가 직접 번 돈, 복권에 당첨된 돈, 용돈으로 받은 돈, 길에서 주운 돈, 이 모두 돈의 가치가 다르다. 세상에서 가장 가치 있는 돈은 자신이 직접 노동해서 번 돈과 내 호주머니에 있는 돈이다. 남의 호주머니 백만 원보다 내 호주머니 만 원이 더 가치가 있다. 돈의 가치에 따라 쓰임새도 달라진다. 쉽게 생긴 돈은 펑펑 쓸 수 있지만, 내가 고생해서 번 돈은 그렇게 쓸 수가 없다. 돈을 많이 번다고 부자가 되는 것은 아니다. 김밥 장사를 해도 1억 원을 기부하는 사람이 있는가 하며, 큰 기업체를 운영해도 금융권에 빚만 잔뜩 있는 경우가 허다하다. 즉 돈을 버는 것도 중요하지만 어떻게 써야 하는지가 중요하다는 의미이다. 아르바이트를 하게 되면 노동의 대가를 받게 되고, 노력해서 번 돈의 가치를 알게 된다. 이때부터 경제 관념이 생기게 될 것이다.

셋째, 자기 극복이다. 그동안 한 가정에서 공주로, 왕자로 귀한 대접만 받고 생활했을 것이다. 사회에 나가면 사람과의 관계가 중요하다. 정식 조직인 풀타임 직장에 입사하게 되면 집에서 받던 대접과는 정반대의 현상을 겪을 수도 있다. 집에서는 식사 시간에 식탁에 오지 않으면 다른 시간에라도 밥을 먹도록 해준다. 그러나 사회는 그렇지 않다. 정해진 시간에 식당으로 가지 않으면 밥은 없다. 집에는 정이 있는 반면, 사회는 질서가 있다. 담당업무와 사람과의 관계도 스스로 알아서 해야 한다. 처음 해보는 버거운 일도, 위험한 일도 해야 할 때가 있다. 이럴 때 내 모습을 보게 된다. 힘든 상황에서 어떻게 극복하는지, 인내력은 어느 정도인지, 또 적극성은 있는 사람인지, 스스로 알게 된다. 여기서 자신을 가다듬는 장으로 활용하면 된다. 이처럼 소규모 영업장에서 아르바이트를 해보는 것은 면역성을 키우는 예방주사의 효과가 있어 사회에 진출했을 때 어려운 상황에 대처능력이 생긴다.

내가 초등학교 6학년 때 대통령을 간접 선출하기 위한 통일주체국민회의 대의원 선거가 있었다. 그때 부친께서 야당 소속으로 대의원에 출마해서 낙선하셨다. 그로 인해 윗대로부터 물려받았던 재산인 토지와 임야가 선거자금에 다 들어갔다. 대대로 내려오던 명문가(名門家)의 가세(家世)가 그때 기울어졌다. 설상가상 부친께서 낙선의 후유증으로 건강이 악화되어 선거 다음 해에 돌아가셨다. 우리 가족은 살길을 찾아 부산으로 이사를 했고, 명문가 며느리였던 모친은 가정의 경제를 책임져야 해서 생활전선에 뛰어드셨다. 당시에는 돈을 벌기 위해 열심히 노력해도 돈이 귀했다.

나도 고등학교 학비를 벌기 위해 방학 때마다 신발공장과 과자공장에 가서 일했다. 생활 경제에 도움은 되지 않았지만, 학비에는 보탬이 되었다. 신발공장에서 일할 때는 고무 냄새와 본드 냄새로 환경이 열악했지만, 라디오에서 흘러나오는 노래 덕에 흥이 나 재미있게 근무를 했다. 과자 공장에 다닐 때는 돈 주고 사 먹어야 되는 과자가 내 눈앞에 잔뜩 있으니 부자 같았다. 언니들과 도란도란 대화도 하면서 과자를 봉지에 담았다. 그 시절은 요즘과 달리 실제

경제적 어려움 때문에 아르바이트를 하던 시절이다. 그렇기 때문에 일도 열심히 해야 하는 것은 말할 것도 없고, 언니들 눈 밖에 나면 안 된다. 사회 진출하기 전에 작은 사회에서 미리 근무해보면 금전적 혜택뿐만 아니라 사람들과의 관계를 경험할 수 있어서 좋다. 20살이 되기 전까지는 부모나 사회가 보호자 역할을 해준다. 그러나 성인이 되면 무엇이든지 스스로 알아서 해내야 한다. 나는 아르바이트를 통해 성실하게 일하는 자세를 배웠고, 사람들과의 관계를 배웠다. 미리 작은 사회를 경험했던 덕분에 본 직장에 들어가서 칭찬과 사랑을 받으며 근무할 수 있었다.

아르바이트를 하면서 관심을 조금만 가져도 조직의 흐름을 한눈에 파악할 수 있다. 사장이 종업원들에게 잘 해주면 잘 해주는 대로, 그 반대이면 반대인 대로 교훈이 된다. 자신이 일과 접했을 때 어떤 모습인지도 보게 된다. 비록 아르바이트로 일을 하지만 성공하고 싶은 사람은 작은 일이나 큰일이나 변함없이 '주인 의식을 가지고 일해야 한다.'는 교훈을 여기서 터득하게 된다. 프랑스 작가이자 비평가인 폴 부르제는 "생각한 대로 살지 않으면, 사는 대로 생각하게 된다."고 말했다. 작은 사회를 경험해 봄으로써 사고가 커지게 된다. 사고가 커지면 꿈도 따라서 커진다. '대기업 CEO가 되어야겠다.'는 꿈을 꿀 수도 있고, '글로벌 인재가 되어야겠다.'는 꿈도 꿀 수 있고, 한 국가를 책임지는 '대통령' 꿈도 꿀 수 있다.

아르바이트 출신에서 성공한 대표적인 인물은 월마트 CEO 더 그 맥밀런이다. 그는 고등학교 때 월마트 물류창고에서 아르바이트를 했고, 대학에서 경영학을 전공한 후 오클라호마주에 위치한 월마트 유통센터 구매 보조직으로 입사했다. 미국 경제 전문 매체인 포춘이 해마다 세계 500대 기업을 발표하고 있고, 최근 공개한 2019 포춘 500 기업에서 월마트가 1위를 차지했다. 월마트는 지난해 5,144억 달러, 우리 돈으로 590조 원의 매출을 기록했다. 월마트의 매출은 3위 애플과 4위 버크셔 해서웨이 두 기업의 매출을 합친 것과 맞먹는 엄청난 규모이다. 이 기업의 수장이 바로 고등학교 시절 월마트 창고에서 아르바이트하던 학생이다.

아르바이트는 직장에 들어가기 전 몸풀기 같은 것이다. 운동선수들도 운동 시작 전 준비운동을 하고, 연극배우도 공연을 시작하기 전 리허설을 해본다. 이런 과정 없이 바로 시작하면 몸이 경직되어 자기가 가지고 있는 기량을 충분히 발휘하지 못한다. 이와 같이 직장도 마찬가지이다. 직장에 들어가면 어려움이 많다. 이때 경험이 있는 사람은 지혜가 나온다. 더욱더 중요한 것은 사회의 출발선에 있는 청년들은 자신의 미래에 대해 고민이 많다. 이때 작은 사회 속에서 자신의 미래를 설계할 수 있다. 자수성가한 CEO들을 보면 아르바이트를 한 경험을 기반으로 같은 유형에서 성공한 사람들이 많다. 아르바이트는 성공의 디딤돌이다.

07

여행은 꿈의 한계를 해제한다

충분히 멀리 떠난 곳에서 만나게 되는 것은
당신 자신이다.

- 데이비드 미첼 -

‘모든 길은 로마로 통한다.’ 수천 년의 역사를 지닌 로마는 이탈리아 수도다. 지금은 이탈리아 수도이지만 당초에는 로마 도시국가였다. 로마 시대에는 로마가 세계의 중심지였다. 로마는 세력 확장으로 이탈리아반도를 비롯해 지중해 전체를 지배하는 로마제국을 탄생시켰다. 로마제국은 가는 곳마다 길을 만들었고, 그 길은 대부분의 유럽 도시들과 로마로 이어졌다. 그래서 ‘모든 길은 로마로 통한다.’는 말이 나왔다. 이 길을 통해 로마 황제의 명령과 군대의 이동이 신속하게 이루어지게 되므로 천년의 로마제국이 가능했던 것이다.

초등학교 다닐 때 선생님이 '모든 길은 로마로 통한다.'라고 말씀을 해주었을 때, 의미도 모른 체 그냥 명제로만 알고 있었다. 그 뜻을 알게 된 것은, 내가 역사에 흥미를 갖게 된 후이다. 초·중등학교 수업에서의 역사 공부는 그냥 공부일 뿐, 역사를 알고 싶어서 하는 공부가 아니다. 시험을 위한 공부였기 때문에 시험만 보고 나면 대부분 기억에서 사라졌다. 역사는 성인이 된 후에도 모른다고 생활에 불편함은 없다. 특별히 관련된 업종에서 종사하지 않는 한 역사에 크게 관심이 없는 것이 보통이다. 우리 국민 사이에 역사 공부에 열풍이 분 적이 있다. 우리 역사를 귀에 쏙쏙 넣어주는 설민석 선생이 그 단초를 제공했다. 나도 설민석 선생이 한 강연 동영상을 많이 듣는 편이다. 우리나라는 1945년 8월 15일 광복이 있기 전까지 일본뿐만 아니라 외세의 침략을 많이 받았다. 철이 들어 우리 역사를 공부를 해보니 세계 속의 우리 역사는 어떠했는지 궁금증이 생겼다. 그때부터 유럽의 대제국들과 속국, 전쟁사에 대한 역사 공부를 했다. 세계 흐름 속의 우리나라 역사를 조명하는 것이 우리 역사를 올바르게 아는 길이라는 것을 깨달았다. 세계 역사를 알게 되면서 인류의 문화 발상지인 선진국이 모여 있는 유럽을 직접 보고 싶었다.

"갈까 말까 할 때는 가라
살까 말까 할 때는 사지마라
말할까 말까 할 때에는 말하지 마라
줄까 말까 할 때에는 줘라
먹을까 말까 할 때에는 먹지마라"

이 글은 서울대 행정대학원장 최종원 교수의 '인생 교훈'이다. 어떤 선택 앞에서 어느 쪽을 선택해야 올바른 선택인지 고민이 생길 때가 있다. '갈까 말까 할 때는 가라'고 했다. 이 글귀를 핑계 삼아 경제적·시간적 여건이 열악했지만 유럽 여행 겸 답사를 가서 둘러보고 왔다. 그동안 여행은 직장생활과 자녀교육 등으로 언감생심(焉敢生心) 꿈도 못 꾸었다. 퇴직을 앞두고 열심히 살아준 나에게 보상을 해줄 겸 큰마음 먹고 다녀왔다.

유럽 첫 여행지는 서유럽 6개국인 독일, 오스트리아, 이탈리아, 스위스, 프랑스, 영국이었다. 유럽 여행은 탁월한 선택이었다. 세계 3대 박물관(바티칸 박물관, 루브르 박물관, 대영 박물관), 콜로세움, 신전, 개선문 등을 보았다. 잃어버린 도시 폼페이, 프랑스의 소설가 알렉상드르 뒤마가 '죽기 전에 꼭 가 봐야 한다.'고 했던 물의 도시 베네치아, 로마 안에 있는 작은 나라 바티칸시티, 미켈란젤로의 천지창조 등 이탈리아는 전역이 역사의 현장이었다. 고대의 유적들을 보고 신과 사람의 간극을 발견할 수 없을 정도로 인간의 능력이 무한대라는 것을 느꼈다. 한마디로 인간의 위대함을 직접 눈으로 본 것이다. 특히 '로마는 하루아침에 이루어지지 않았다.'는 말과 '로마에 오면 로마법을 따르라.'라는 말의 뜻을 이해하게 되었다.

여행이라면 기대하는 것이 있다. 기대라면, 이미 알고 있던 것이 아니라, 새로운 것에 대해 상상하는 만큼 바라는 마음이다. 현지에 가서 본 나는 당초 기대의 수십 배 감동을 받았다. 도저히 머리로 이해하기 힘든 상황들이 눈앞에 펼쳐졌기 때문이다. '눈과 귀가 놀라고, 영혼이 놀랐다.'는 표현이 부족할 지경이었다. 여행을 갔다 온 후에도 계속 뇌리 속에는 퀘스천(question)이 생겼다. '신은 대체 인간에게 어디까지 능력을 허락한 것일까?'라는 생각에 입이 다물 어지지 않았다.

5천 년 전 인류 문명이 등장하고, 고대·중세·르네상스 문명 이 남긴 유적과 유물 그리고 역사를 직접 눈으로 본 사람들은 사고 가 달라진다. 인간의 힘이 신의 경지를 넘나들 만큼 무궁무진하게 잠재되어 있다는 것을 발견할 수 있다. 그들이 해냈다면 '나도 해낼 수 있다.'라는 용기와 도전 정신이 생길 것이다. '사랑하면 알게 되 고, 알면 보이나니, 지금 본 것이 그때 본 것과 다르더라.'는 말이 있 다. 이는 사람이든, 물건이든 무관심할 때와 달리 관심을 두면 더 많 은 것을 알게 된다는 뜻이다. 질문은 아는 것이 있을 때 할 수 있다. 이와 마찬가지로 알게 됨으로써 궁금함이 생기고, 이때 많은 생각 을 하게 된다.

현대소설의 창시자 마르셀 프루스트는 "여행은 새로운 풍경을 보는 것이 아니라 새로운 눈을 가지는 데 있다."고 했다. "나는 생 각한다. 고로 나는 존재한다."는 유명한 말을 남긴 근대 철학의 아 버지 데카르트도 "여행은 다른 세기의 사람들과 이야기하는 것과 같다."고 언급했다. 또 영국의 성직자이자 역사가인 토머스 풀러는 "바보는 방황하고 현명한 사람은 여행한다."라고 했고, 프랑스 소설가 아나톨 프랑스는 "여행이란 우리가 사는 장소를 바꾸어 주는 것이 아니라, 우리의 생각과 편견을 바꾸어 주는 것이다."라고 했다. 그리고 우리나라 여행작가인 한비야는 "여행은 다른 문화, 다른 사람을 만나고 결국에는 자기 자신을 만나는 것이다."라고 했다.

이들은 여행에 대해 각각 다른 정의를 내렸지만 결국 여행을 통해 '자기발견'을 말하고 있다. 사람은 보고 배운 것이 자기의 크기가 된다. 그래서 많은 것을 보고, 많은 것을 알 때 큰 사고가 생긴다. 일본 관상어인 '코이' 물고기의 삶은 아주 특이하다. 이 물고기는 작은 어항에서 기르면 5~8cm밖에 자라지 않지만, 커다란 수족관이나 연못에 넣어두면 15~25cm까지 자란다. 그리고 강물에 방류하면 90~120cm까지 자란다. 어항같이 작고 좁은 곳에서는 피라미로 자라지만, 큰 강물에 나가면 대어가 된다는 것이다. '코이' 물고기의 삶을 통해 환경에 따라 크기가 다르게 자란다는 교훈을 얻을 수 있다. 사람도 태어난 동네에서 계속 살았던 사람, 사람이 많고 문화 혜택을 받을 수 있는 대도시에서 살았던 사람, 글로벌까지 진출한 사람, 각기 생각의 크기가 다르다. 보고, 듣고, 배운 양이 다르기 때문이다. 여행도 고정관념을 깨고 생각의 그릇을 키우는 데 효과가 있는 것이다.

나는 학생들에게 "사회로 진출하기 전에 여행을 많이 해보세요!"라고 권한다. 경제력이 없는 학생들이지만 아르바이트를 하면 경비를 마련할 수 있다. 세상에 쉬운 일은 가치가 없다. 가치 있는 것은 어렵고, 고난이 뒤따른다. 이를 이겨낸 사람에게만 가치 있는 것을 내준다. 여행을 목표로 아르바이트를 하면 미리 사회도 경험하고, 여행도 다녀올 수 있어 일거양득이 된다. 학생들은 한창 사고가 자라는 시기이기 때문 여행을 다녀온 나와 과거의 나는 분명 다른 사람이 될 것이다. 그리고 다람쥐 쳇바퀴 돌듯 머물러 있는 삶을 사는 사람들에게도 여행을 적극 권하고 싶다.

사람들은 상대방을 보는 순간 바로 평가를 할 수 있다. 그러나 내가 무엇을 원하고 있는지, 나를 위해 얼마나 수고해 왔는지, 무엇을 좋아하는지, 정작 자기 자신에 대해서는 너무나 모른다. 진정 내 속의 나는 누구인가를 모른 채 살아가는 셈이다. 자신을 사랑한다면 생각이 커지도록 세심한 배려가 있어야 한다. 생각을 키우는 방법으로 여행이 좋다. 또 여행은 자신이 알고 있던 지식을 넘어 새로운 것을 채울 수 있는 기회가 된다. 꿈은 자신이 알고 있는 것 이상으로 상상하는 것이다. 그러므로 여행은 꿈의 한계를 해제하는 열쇠인 셈이다.

08

청춘은 꿈을 멈추지 않는다

마음이 하기로 결정한 일, 그보다 중요한 건 없다.

- 파울로 코엘료 -

청춘(靑春)은 푸를 청(靑)에 봄 춘(春)으로, 봄에 새싹이 파랗게 돋아나는 '봄철 같은 시기'로, 십 대 후반에서 이십 대에 걸치는 나이를 가리킨다. 미국 시인이자 유대교 랍비인 사무엘 울만은 청춘에 대한 시에서 "강인한 의지, 풍부한 상상력, 불타는 열정, 인생의 깊은 샘물에서 오는 신선한 정신, 두려움을 물리치는 용기, 안이함을 뿌리치는 모험심"이 있는 사람으로 "인생의 시기가 아니라 마음가짐을 말한다."고 했다. 그의 시처럼 누구나 삶이 끝나는 순간까지 청춘의 마음가짐으로 도전과 열정으로 살아야 한다.

나도 사회적 정년인 나이와 상관없이 아직도 꿈이 있고, 열정이 있다. 큰 꿈과 작은 꿈 여러 개가 있다. 그동안 공직에 묶여 적극적으로 펼치지 못했던 꿈들을 이제 꽃피울 수 있다. 퇴직 후에도 할 일이 많다. 그 일을 할 것을 상상만 해도 너무 좋다. 제2의 인생이 기다려진다. 행동하면 길이 열린다는 비밀을 알았기 때문이다. 이를 모른 사람들은 어떤 일 앞에서 긴장되고, 망설임이 있을 것이다. 그러나 인생은 멈춤이 없다. 멈춤을 용인한다는 것은 죽음을 용인하는 것과 다를 바 없다. 누구나 숨이 붙어 있는 한 오늘도 내일도 살아있다는 증거를 보여야 한다.

누구에게나 꿈은 있다. 꿈을 성취하려면 자기관리를 철저히 해야 한다. 상대가 있는 외부의 것은 이기기 힘들다. 내 안의 슈퍼 갑을 이기고, 새로운 습관을 만들어야 한다. 평상시 별 의미 없이 갖추어진 습관을 몰아내고 목표에 맞추어서 습관을 세팅할 수 있는 사람은 자기에게 이긴 사람이다. 목적에 맞도록 세팅된 습관은 스스로 알아서 그 일을 하게 된다. 꿈을 이루기 위해 열정을 갖고 몰입하는 사람은 나이와 상관없이 청춘일 것이다.

부자들이 하는 말이 있다. "너무 바빠서 돈 쓸 시간이 없어 돈이 모인 것이다."라는 말이다. 또 어떤 일에 몰입해 있는 사람은 "죽을 시간도 없다."고 한다. 나도 가끔 '젊어 보인다.'라는 기분 좋은 질문을 받을 때가 있다. 이때 나는 "너무 바빠서 주름이 생길 시간의 여유가 없다."고 답한다. 무엇인가 하고자 하는 사람은 항상 바쁘고, 시간의 여유가 없다. 그래서 하루 24시간을 효율적으로 잘 사용해야 한다. 새벽에 일찍 일어나는 것은 물론이고, 근무시간, 점심 시간, 퇴근 후 시간, 작은 자투리 시간 등을 계획에 따라 사용하면 시간을 허비하는 것을 막을 수 있다. 시간을 사용할 때에는, 그 시 간에 내가 무엇을 하고 있는지를 반드시 인식해야 한다. 길을 걸을 때나 계단을 오르내릴 때도 운동이 되도록 의식을 갖고 걸으면 목 적지까지 가는 행위와 운동을 겸해 두 가지를 동시에 이룰 수 있다.

우리가 책을 볼 때도 내용의 줄기를 잡기 전까지는 약간의 스 트레스와 지루함이 있다. 그러나 내용의 줄기를 잡고 나면, 그때부 터 몰입이 되면서 즐기는 독서가 된다. 이때 옆에서 어떤 말을 해도 도중에 멈출 수가 없다. 몰입과 재미는 외부의 환경을 물리치기 때 문에 단숨에 한 권을 읽게 한다. 나의 생활도 이와 마찬가지이다. 하 루에 해야 하는 일을 강박이 아니라 집중해서 자연스레 하고 만다. 일도 책 읽는 것과 마찬가지로 몰입과 즐거움에 의해 한다면 많은 일을 해도 지치지 않는다. 일 앞에서 '할까 말까'가 아니라 '열정과 호기심'에 대한 도전정신으로 한다면 칠순, 팔순의 나이도 청춘이 라고 불러도 손색이 없다.

과거 우리나라가 IMF 사태로 암울한 시대가 있었다. 구직을 해야 하는 사람들의 애환을 대변하는 신조어들이 생겼다. 이태백(20 대 태반이 백수), 청백전(청년백수 전성시대), 둥지족(취업이 어려워 졸업을 늦추는 사람들), 유턴족(사회진출에 실패하고, 공부를 더 하겠다고 학교로 돌 아오는 사람), 청년실신(청년들 태반이 실업자나 신용불량자) 등 가슴 아픈

말들이 있다. 직장인은 직장인들대로 삼팔선(38세가 한계), 사오정(45세가 정년), 오륙도(56세까지 일하면 도둑), 육이오(62세까지 일하면 오적)라는 고용불안의 현실을 빗댄 신조어가 생겼다. 이런 현상은 우리 사회 경제 흐름을 말해주고 있는 대목이기도 하다. 경제가 어려우면 우리의 생활면 모든 분야에 영향을 미친다. 오죽했으면 청년층에서는 연애, 결혼, 출산을 포기하는 3포 세대란 말까지 나왔을까. 최근 경제가 회복하기는 커녕 IMF 당시보다 더 나쁘다는 언론 보도가 심심찮게 나온다. 이런 시대에 김난도의 저서 《아프니까 청춘이다》는 책을 통해 위안을 삼기도 한다.

세상에 태어날 때는 누구나 빈손이다. 사회에 진출할 때에도 모두 빈손이다. 간혹 금수저를 물고 태어났거나 운이 좋아 후원자가 있어 기본자본이 있는 경우도 있겠지만, 대부분의 사람은 빈손으로 출발한다. 세상에는 하나의 현상과 하나의 결과만 있는 것이 아니다. 분명한 것은 무인도에서 혼자 살지 않는 한 1등이 있고, 2등이 있고, 꼴찌가 있다. 모두가 1등이 될 수는 없다. 경제적 환경이 좋을 때나, 나쁠 때도 결과는 있다. 이때 성공한 사람도 있고, 그렇지 않은 사람도 있다. 그 결과가 원하는 성과가 나온 사람은 '성공했다.'고 할 것이고, 그에 못 미치는 결과를 낸 사람은 '실패했다.'고 할 것이다. 성공한 사람은 환경과 조건보다 자신이 열심히 한 대가라고 할 것이고, 반대로 실패한 사람은 환경과 조건에 핑계를 대고 싶을 것이다. 이 두 가지다 틀린 말은 아니다. 그러나 우리는 성공하고 싶기 때문에 후자는 틀린 말로 받아들여야 한다.

성공과 실패는 한 몸이다. 실패를 밟고 성공을 만들기 때문이다. 혹 원치 않는 결과라고 해도 진정한 실패가 아니다. 성공과 실패 모두 자신이 만들어낸 것이다. 그러나 우리가 원하는 것은 긍정적인 생산일 것이다. 그 긍정적인 생산을 우리는 성공이라고 하는 것이다. 성공을 이루기 위해서는 환경과 조건에 휘둘리지 말아야 한다. 그리고 자신 스스로에게 '나는 할 수 있다.'라는 응원의 메시지를 지속 전달해 줌으로써 실패가 아닌 성공의 길로 유도해야 한다. 결국 자기관리를 잘하는 사람이 성공하게 된다.

성공한 사람은 환경에 관계없이 자신이 정한 목표를 향해 열정을 다해 노력한 사람들이다. 다시 말하면 어떤 환경의 조건은 성공의 여부와 관계가 없다는 것이다. 일반인들의 눈에는 성공한 사람의 결과만 보인다. 그러나 보이는 것과 달리 그 이면에는 땀과 눈물, 실패와 도전 이런 고통을 반복하면서 일궈냈다. 꿈을 성취할 수 있는 것은 최선을 다해 열심히 한다고 해서 성공하는 것은 아니다. 성공의 여부는 본인이 정하는 것이다. 열심히 한다는 정도가 성취에 이르도록 하면 성공하는 것이고, 그것에 못 미치게 하면 불가능한 것이다. 자기의 인생에 대해 열심히 살지 않은 사람은 없다. 하나뿐인 인생! 누구나 최선을 다한다. 어떤 선택을 할 때도 최선의 방법으로 선택한다. 최고의 방법이 있음에도 '차선의 방법으로 하자.'고 하는 사람은 없다. '열심히'의 강도와 '해내고야 말겠다.'라는 각오가 있는 사람은 청춘일 것이다.

청춘은 꿈을 멈추지 않는다. 꿈이 있으면 행동은 자연스럽게 그 방향으로 움직인다. 행동하면 무조건 결과가 나온다. 포기하지 않으면 내가 원한 답을 얻을 수 있다. 사람은 죽기 전까지 하고 싶은 것들이 많다. 하고 싶고, 가지고 싶은 욕망이 있을 때 열심히 살게 된다. 그래서 언제나 꿈이 있어야 한다. 꿈은 크게 꾸고, 행동은 공격적으로 해야 한다. 나이가 들어도 행동의 늙음이 찾아오지 않도록 항상 꿈을 붙들고 있어야 한다.

제3장

배짱으로 도전하라

01

자신감은 성공의 마중물이다

자신감이 없으면 삶이라는 경기에서 두 번 패배한 셈이다.
자신감이 있으면 경기를 시작하기도 전에 이미 승리한 것과 같다.

- 마커스 가비 -

'자신감을 가져라.' 어릴 때 많이 들었던 말이다. 자신감이란 자라나는 청소년뿐만 아니라 성인에게도 중요하다. 세상을 살다 보면 어떤 일이든지 부닥칠 수밖에 없고, 그 일을 통해 자신의 인생이 만들어진다. 이때 어떤 마음가짐으로 대하느냐에 따라 그 결과는 달라진다. 자신감이 있을 때는 그 일에 적극적으로 나서겠지만, 자신감이 없을 때는 머뭇거리게 된다. '할 수 있다.'고 생각할 때와 '할 수 없다.'고 생각할 때에 나오는 행동은 다르다. 우리 몸을 이루는 70조 세포들은 주인이 시키는 대로 움직인다. 자신감이 있을 때는 세포들이 모두 전투병이 되지만, 자신감이 없을 때는 패잔병처럼 위축되어 적극적인 움직임을 보이지 않는다.

나는 누구에게나 "길을 걸을 때, 사람과 대화를 할 때 절대로 고개를 숙이지 말라."고 한다. 고개를 숙인다는 것은 이미 당당함을 잃은 것이다. 고개를 숙이는 순간 몸이 위축된다. 과제 발표를 할 때도 마찬가지이다. "교수가 어떻게 생각하든, 다른 학생들이 어떻게 생각하든, 그에 개의치 말고 자신의 주장을 당당하게 펼치라."고 주문한다. 그에 대해 옳고, 그름을 잘라 판단할 권한은 아무에게도 없다. 생활 속의 주관식에는 정해진 답이 없다. 자신이 낸 답이 가장 정확한 답이 된다. 자신이 가지고 있는 지식을 총동원해서 낸 답이기 때문이다. 그에 대해서는 누구도 월권을 행사할 수 없다.

"나 자신에 대한 자신감을 잃으면, 온 세상이 나의 적이 된다." 미국의 시인이자 사상가인 랄프 왈도 에머슨이 말했다. 자신감이 없는 사람은 어떤 일 앞에서 치고 나갈 힘이 없어 머뭇거리게 된다. 반면 자신감이 있는 사람은 자신의 꿈을 향해 주저함이 없다. 이처럼 자신감이 없으면 타인뿐만 아니라 자신에게도 믿음이 떨어진다. 어릴 때 보면 동네에서 싸워서 한 번 대장이 되면 영원한 대장이 된다. 이는 한 번 이긴 것이 자신감을 주었기 때문에 싸우기도 전에 상대를 이긴다. 한 번 자신감이 생기면 다음 일에까지 자신감이 이어진다. 그러므로 자신이 멋진 인생의 주인공이 되기를 원한다면 언제나 자신감이 충만해야 한다.

나는 결혼을 한 후 근무처를 부산지청에서 서울 시내 관서로 자리를 옮겼다. 지청 업무는 일선 업무를 총괄 지위·감독하고, 세

수의 실적을 취합하여 그 통계치를 본청에 보고하는 반면, 일선 업무는 납세자에게 세금을 직접 부과·징수하는 업무를 한다. 지청에 오랫동안 근무했던 나는 서울에 와서도 지청에서 근무하길 원했다. 그러나 지방에서 올라온 직원이 그곳을 치고 들어가기가 쉽지가 않다. 서울지청에 들어가기 위해서는 여러 가지 조건에 부합해야 했고, 또 전문성이 뛰어나고 성실한 직원이라고 누군가 추천을 해주어야 가능했다.

부산지청에 근무할 당시 나는 '부산청 보배'라고 불리며 인정을 받았던 직원이었다. 그때는 컴퓨터 활용시대가 아니었으므로 모든 업무를 수작업으로 했다. 그 시절에는 필체가 좋은 직원이 우대를 받았다. 필체가 좋았던 나는 기관장 업무노트 등 글 쓰는 일을 도맡아 했다. 그리고 남자 직원들의 출장으로 빈 사무실의 내무 업무와 보고 업무 등을 모두 책임지고 잘 해냈다. 그래서 윗분들로부터 신임이 두터워지면서 이런 애칭이 붙은 것이다. 그러나 서울에는 한 사람도 나를 알아주는 사람이 없었다. 서울에서의 지청 진입은 언감생심(焉敢生心) 꿈일 뿐이었다. 그러나 그 꿈을 소멸시키는 것은 꿈을 달성하는 길밖에 없다. 내가 서울로 오고 17년 만에 지청에 발을 들여놓을 수 있는 기회가 생겼다.

90년대 말 IMF를 겪고 난 후 우리 경제는 무척 어려웠다. 이에 살아남기 위한 자구책으로 기업들은 기존 경영방식을 바꾸기 위한 경영혁신에 돌입했다. 혁신이란 새로운 방법을 도입하기 위해 옛

관습이나 조직체계를 완전히 바꾸는 것을 의미한다. 혁신의 전성시대라고 불러도 될 만큼 사회 전반에 걸쳐 혁신 바람이 불었다. 2005년 국세청도 조직 활성화 방안으로 공정하고 투명한 인사시스템 운영을 위한 '인사혁신위원회'를 구성했다. 이때 서울지청 소속 위원으로 33명을 모집했다. 나는 이 기회를 통해 지청에 발을 들여놓을 작정으로 신청서를 제출하기로 했다. 하지만 소속 직원들이 수천 명에 달했기 때문에 인원 대비 내가 선발될 확률은 낮았다.

'행동에 앞선 결과는 없다.'는 나의 생활 신념이 용기를 내도록 했다. 상급 관청에 근무하고 싶은 욕구가 너무 컸기 때문에 내부망을 통해 자기 기술서를 지청이 아닌 본청에 제출했다. 그곳에서는 잘못 제출된 신청서를 소속 지청으로 전달한 후 나에게 알려주었다. 얼마 후 나는 인사혁신위원으로 선발되었고, 이때 지청에 발을 살짝 걸치는 데 성공했다. 위원회를 통해 나를 알릴 수 있는 장(場)이 마련된 것이다. 그 후 위원회가 열릴 때마다 적극적인 의사 개진을 했다. 이를 계기로 같은 해 지청이 아닌 본청에 입성하는 데 성공했다. 언제나 그랬듯이 시도하기 전에 결과를 예단하고 미리 포기하는 경우는 없다. 대상의 조건이 어떻든 간에 신청서를 제출하는 것은 내 선택이고, 내 권한이다. 심사관과 나는 각자의 권한을 성실히 이행했고, 나는 원하는 답을 얻었다.

어떤 원하는 일이 있으면 자신감 있게 적극적으로 해보아야 한다. 새로운 일이나 낯선 일 앞에서는 누구나 머뭇거릴 수 있다. 이때 누구도 하지 않는 일을 내가 하면 더 빛이 난다. 내 욕구와 외부의 조건과 간극이 크더라도 일단 행동으로 옮겨 보아야 답을 얻는다. 결과는 행동을 한 후 자동적으로 나오게 된다. 그때 판단해도 늦지 않다. 누구도 하고 싶어 하지 않고, 안될 것이라는 그 길을 선택하면 기회가 많다는 것을 알아야 한다. 자신이 원하는 멋진 삶의 주인 공이 되기 위해서는 매사에 자신감으로 치고 나가야 한다. 자신감은 세상일에 만능열쇠 같은 힘을 가지고 있다. 자신감은 타고나는 것이 아니다. 자신감은 어떤 일 앞에서 망설이며 실행하지 못했던 사람이 망설이지 않고, 실행하는 태도이다. 또 남이 하지 않는 일을 시작하는 사람이 자신감 있는 사람이다.

"쉬운 일을 어려운 일처럼 어려운 일을 쉬운 일처럼 대하라. 전자는 자신감이 잠들지 않게, 후자는 자신감을 잃지 않기 위함이다." 스페인의 작가이자 철학자인 발타자르 그라시안의 말이다. 자신감이란 자기 능력이나 행동에 자신을 갖는 것이다. 자신감이 잠들어 있다면 삶에 의미가 없는 것이다. 자신감이 있는 사람은 어떤 일 앞에서 적극적으로 시도해 자기 것으로 만들겠지만, 자신감이 없는 사람은 '될 대로 되어라.'며 얻어지는 대로 받겠다는 소극적인 태도로 일관한다. 능력이 있고, 지식이 있다고 하더라도 행동으로 옮기지 않으면 자신감이 없는 것이다. 자신을 능동적이고 적극적으로 행동하도록 하기 위해서는 자기 속에 잠들어 있는 또 한 사람의 자기를 깨워야 한다.

세상을 바꾼 위대한 천재 애플 창업자 스티브 잡스는 12살이었던 고등학교 시절 전화번호부에서 실리콘밸리 창업의 원조라 할 수 있는 휴렛 팩커드(HP) 설립자인 빌 휴렛의 번호를 찾아내 전화를 걸었다. 그는 주파수 계수기를 만들고 싶다며 남는 부품이 있다면 줄 수 있는지 물어보았고, 빌 휴렛은 그 말을 들어주었다. 스티브 잡스의 자신감 있는 행동은 자기가 필요한 것도 얻었을 뿐만 아니라, 그 회사에 아르바이트로 일할 수 있는 기회까지 얻었고, 컴퓨터 엔지니어 스티브 워즈니악을 만나는 행운도 얻게 해줬다. 이처럼 자신감은 자기가 원하는 것도 얻을 수 있을 뿐만 아니라, 그것으로 인해 연쇄적 반응이 일어나게 해준다. 스티브 잡스는 스티브 워즈니악과 함께 창업을 시작으로 세상을 바꾸는 주인공이 되었다.

옛말에 '돌다리도 두들겨 보고 건너라.'는 말이 있다. 이 말은 돌다리가 튼튼한지 안전 여부를 먼저 타진해보라는 의미이다. 그러나 본래 돌다리는 물을 건너기 위한 목적으로 만들어진 것이다. 그 목적에 맞게 이용하면 된다. 무엇인가 한번 시작하기로 했으면 그대로 밀고 나가야 하고, 안 되면 되게 해야 한다. 여기서 가능 여부를 타진하고 있다는 것은 이미 자신감을 잃은 것이다. 미리 겁먹고 시도하지 않는 것은 자신의 인생에 직무유기를 하는 것이나 다름없다. 설사 물에 빠진다고 하더라도 세상이 끝나는 것은 아니다. 한 번의 경험을 디딤돌로 삼아 또다시 시도하면 된다. 성공한 사람은 실패에서 일어선 사람이다. 자신감은 성공의 마중물이다.

02

내 권한을 남에게 넘기지 마라

시작하기 위해 위대해질 필요는 없지만,
위대해지려면 시작부터 해야 한다.

- 레스 브라운 -

　유럽의 광장은 국가적 행사뿐 아니라 정치·경제·종교·문화적 행사를 하는 곳으로 알려져 있다. 우리나라의 광화문 광장도 별반 다르지 않다. 광화문 광장은 경복궁의 앞마당이기도 하다. 어느 시대나 정치에는 나라를 이끌어가는 여당과 이를 견제하는 야당이 항상 있다. 광화문 광장은 정치적 목적을 달성하기 위해 시위를 많이 하는 곳으로 인식을 하고 있다. 그래서 광화문 광장은 갈등이 있는 곳으로 연상이 되기도 한다. 2005년 6월 어느 날 늦은 퇴근에서 본 광화문 광장은 고요해서 어머니 품속같았고, 하늘엔 별이 속삭였다. 삼삼오오 짝을 지어 다니는 사람들, 상점의 네온사인, 모든 것이 아름답게 보였다. 기분이 좋을 때 '구름 위에 떠 있는 듯하다.'는 표현을 쓰듯이 그때 내 기분은 천국에 와 있는 듯 착각이 들 정도였다. 이 표현은 당시의 내 감정을 가장 잘 대변하는 표현이다. 내가 행복에 겨워 기쁨이 충만했던 것은 그토록 상급관청에 근무하고 싶어 했던 것이 현실이 되어 그곳에서 퇴근하고 있다는 사실 때문이었다.

일선 관서에 근무할 당시 기관 내부망 인 인트라넷을 통해 본청에서 근무할 직원 선발 공고가 떴다. 내가 상급관청에 근무하기를 오매불망했던 터라 공고를 보는 즉시 신청서를 넣어보기로 했다. 선발 대상 기준에 충족요건과 배제요건이 조목조목 명시되어 있었다. 분명한 것은 공지한 요건을 기준으로 1차 서류 전형과 2차 면접을 통과해야 선발될 수 있다. 본청에 근무하기를 선호하는 직원들이 많기 때문에 진입하기가 쉽지 않다. 더군다나 직급별로 한두 명 정도 선발하기 때문에 더욱더 그렇다. 내가 또 시도해 볼 수 있는 기회를 만난 것이다. 학교에 다니고 있고, 나이가 많아 기관에서 찾는 대상이 아닐 수 있다. 그러나 신청서 접수를 기준에 충족하는 직원만이 해야 하는 것은 아니다. 접수할지, 말지의 선택은 내 몫이다. 행동에 앞선 결과는 없기 때문에 나의 소신대로 신청서를 냈다. 최종 심사를 통과하고 본청에 입성하는 데 성공했다. 이는 자신감 있는 자기기술서 작성과 내 환경과 상관없이 행동하는 용감함이 이루어낸 결과이다.

함께 근무했던 직원들은 부러운 마음에 대놓고 '백이 세다.'고 말했다. 그렇다. 나에게 아주 튼튼한 백이 있었던 것은 사실이다. 그 백은 바로 누군가에게 청탁했던 백이 아니라 내 권한에 충실했던 '용기있는 행동'이다. 당시 본부에 친분이 있는 분이 있었는지 알아보지 않았고, 또 친분이 있는 분이 있어서 혹시 부탁을 따로 했다면 선발기준에 맞춰 원론적인 대답을 했을 것이다. 신청서 접수도 해보지도 못하고 바로 접어야 했을 수도 있었다. 그러나 원초적 내 권한을 사용해서 최고 상위기관에 입성할 수 있었다. 이런 결과를 얻을 수 있었던 것은 현실을 떠나 이상(理想)만 바라보고 행동으로 옮긴 덕분이다. 미리부터 안 될 것이라는 예단을 내리고, 행동하지 않았다면 원하는 결과도 얻지 못했을 것이다. 내 삶의 좌우명은 '실패는 용서해도, 포기는 용서할 수 없다.'이다.

"실패한 사실이 부끄러운 것이 아니다. 도전하지 못한 비겁함은 더 큰 치욕이다." 이는 로버트 H 슐러의 명언이다. 사람은 조금 버거운 일이나 새로운 일을 시작할 때 '한번 해보자.'라는 마음보다, '가능할까?'라는 의문을 가지는 경우가 보편적이다. 그래서 대부분의 사람은 자신이 상상하고 생각했던 것을 행동으로 옮기지 못한다. 옛말에 "가다가 중지하면 아니 감만 못하다."는 말이 있다. 이 말은 어떤 일을 시작하고 끝을 보지 않으려면 시작하지 않은 것만 못하다는 의미이다. 그러나 이를 현대판으로 재해석을 해보면, 시작하고 끝을 보지 않으려면 시작도 하지 말라는 뜻이 아니라, 도중에 포기하지 말라는 경고의 메시지이다. 어떤 일을 실행한 후 원하는 답을 얻지 못하더라도 일단 시작을 해보아야 한다. 시작이 있으면 성공의 시기만 다를 뿐 결국 해내게 된다. 설사 도중에 포기한다고 하더라도 포기하기 전까지 경험한 것은 무의미한 것이 아니라 이것 또한 인생을 가꾸는 밑거름이 된다.

미국의 심리학자 매슬로는 인간이 욕구를 성취하기 위해서는 생리적 욕구, 안전의 욕구, 소속감과 애정의 욕구, 존경의 욕구, 실현의 욕구 5단계를 거친다고 했다. 첫 단계의 생리적 욕구는 의식주 생활에 관한 욕구 즉, 본능적인 욕구를 말한다. 이 단계가 충족되고 나면 다음 단계인 안전의 욕구가 생긴다고 했다. 그리고 소속감과 애정의 욕구와 존경의 욕구를 거쳐 실현의 욕구에 이른다고 했다. 꿈은 자신이 원하는 욕구이다. 이것을 실현하기 위해서는 매슬로가 주장하는 4단계를 충족해야 만 다음 단계인 '실현의 욕구'가 생기는 것이다. 인간은 일을 통해 자신의 인생을 만들고 성장한다. 세상에 이미 만들어져 있는 것을 답습하는 것은 자신의 인생이 아니다. 자신의 인생은 자기가 주도적으로 만들어야 한다. 누구나 세상에 태어났을 때는 아무것도 할 줄 모른다. 또한 새롭고 낯선 일은 어렵고 서툴기 마련이다. 하지만 일상생활의 반복적 행동이 현재의 자신이 되었고, 미래의 자신이 된다. 꿈이 있다면 자신의 권한을 최대한 행사해야 한다. 사람은 인생을 만드는 주인으로 양손에 '책임과 권한'이라는 연장을 들고 있다. 그러므로 시작하는 행동은 책임과 권한을 동시에 사용하는 것이다.

"목표가 있어도 꾸물거리면 아무것도 얻을 수 없다. 목표가 있으면 착수해야 원하는 것을 가질 수 있는 법이다." 토마스 J. 빌로드의 말이다. 성공도 실패도 행동으로부터 나오는 답이다. 행동하지 않으면 아무런 결과도 없다. 시작하는 누구나 실패에 대한 두려움이 있다. 그러나 이를 밖으로 표현하는 사람과 그렇지 않은 사람이 있을 뿐이다. 여기서 머뭇거리는 사람은 편안을 무기로 유혹하는 내적 저항세력에 진 것이나 다름없다. 성공의 뒤에는 이기는 힘이 존재한다. 어떤 상황에서든지 치고 나가는 힘이 있어야 한다. 그리고 원하는 꿈과 상황은 별개의 문제이다. 그러므로 내가 선택한 것은 실질적으로 내가 어떤 사람인지 알게 확인해 주는 것이기도 하다.

도전이란 단어 자체에 일상이 아닌 특별함을 내포하고 있다. 사람은 도전을 통해 성장한다. 도전한다고 반드시 성공한다는 보장은 없다. 그러나 원하는 것을 얻기 위해서는 생각을 행동으로 옮겨야 하고, 그것을 통해 결과를 얻는다. 세상에서 가장 불행한 사람은 완벽해지려 애쓰는 사람이다. '완벽'이라는 단어는 인간의 것이 아닌 신의 영역이다. 번지점프도 시작하기 전이 가장 두렵다고 한다. 그러나 점프를 한 번 뛴 사람들은 스릴을 느끼는 짜릿함에 한 번 더 뛰고 싶어 한다. 성공도 실행 전에 두려운 생각이 들 수 있지만, 막상 행동으로 옮긴 사람이 해낸 결과이다.

'자동차의 아버지' 헨리 포드는 "당신이 할 수 있다고 생각하든 할 수 없다고 생각하든, 당신의 생각은 옳다."고 했다. 자신이 하고 싶은 것이 있으면, 성공과 실패를 생각하기 전에 무조건 행동으로 옮겨야 한다. 성공을 힘들게 하는 것은 바로 자기 불신이다. 스스로 자신을 믿지 않으면 생각을 행동으로 옮길 수 없다. 자신감은 어떤 것도 이겨낼 수 있는 천하무적이다. 내가 세상의 주인공이고, 삶을 만드는 주인공이라는 막중한 책임이 있는 사람이라는 것을 인식할 때 누구로부터도 통제를 받지 않을 것이다. 내가 세상을 바꿀 수 있고, 인생을 만들 수 있다. 어떤 누구도 대신해 인생을 만들어 줄 수 없다. 어떤 상황에서든지 천부적 내 권한을 남에게 넘기지 말아야 한다. 절대!

03

배짱으로 도전하라

무언가를 열렬히 원한다면 그것을 얻기 위해
전부를 걸만큼의 배짱을 가져라.

- 브렌단 프랜시스 -

큰 것을 얻고 싶으면, 위험 부담이 있는 것에 배짱 있는 베팅을 해야 한다. '베팅'이라고 하면 포커나 고스톱 같은 사행성 게임이 떠올라 다소 부정적인 느낌이 든다. 그러나 본래의 의미는 결과가 불확실한 일에 돈을 거는 행위이다. 인생은 미래를 향해 가기 때문에 미리 결과를 알 수 없다. 그래서 인생은 베팅의 연속이다. 이때 위험 부담이 큰 베팅을 하느냐? 아니면 안전하고 위험 부담이 적은 베팅을 하느냐? 하는 차이만 있을 뿐이다. 성공한 인생은 평온하고 안전한 것으로부터는 얻을 수 없다. 누구도 쉽게 도전하지 못하는 것에 큰 베팅을 건 사람들이 이루어낸 결과가 성공이다.

단독주택에 살 때 초등학교 저학년에 다니던 우리 아이들이 어느 날 "엄마! 우리도 아파트로 이사 가자."고 했다. 이사를 가자는 이유는 학교에 가면 아파트에 사는 친구들이 단독주택에 사는 아이들과 같이 놀아 주지 않았기 때문에 아파트 사는 친구들과 어울리고 싶었던 것이다. 자고로 부모는 내 자식이 다른 사람들로부터 해를 입는 것을 보면 눈에서 불이 나오고, 용감해진다. 이 말을 듣고 아파트로 이사를 가야겠다고 마음을 먹었다. 문제는 주택과 아파트의 전세금액 격차가 3배 정도의 차이가 났다. 우리 집에 들어 있는 전세금은 4천만 원! 이 돈으로 아파트로 이사를 간다는 것은 불가항력이었다. 아파트로 이사를 가기 위해서는 억대의 돈이 더 필요했다.

부모로서 아이들이 학교에서 소외당하고 있다고 생각하니 하루라도 빨리 아이의 소원을 들어주고 싶지만 현실은 그렇지가 않았다. 삶의 주인공은 '나'다. 언제나 세상의 기준보다 내 기준이 우선시 되어야 한다는 생각이 있었다. 내가 할 수 있는 일은 시도해 보는 것뿐이다. 시도했다가 실패하는 것은 죄가 아니다. 다만 시도해 보지 않는 것이야말로 나 자신에게 죄를 짓는 것이다. 뭔가 할 수 있다고 말만 하는 사람이 아닌 행동하는 사람이 되기 위해 생각을 행동으로 옮기기로 했다. 실행하기 전에 결과를 먼저 본 적이 없었던 것이 행동하게 했다.

아이들 손을 잡고 H아파트 정문 앞 K부동산 중개사무소에 찾아갔다. 내 연령대의 식구가 지낼 적정한 평수는 30평형대다. H 아파트 34평의 전세금은 1억 2천만 원이었다. 나는 34평형을 보았다. 아파트는 주택과 달리 정리를 잘할 수 있는 구조로 되어있다. 현관문을 열고 아파트에 들어선 순간 궁전 같았다. 넓은 거실과 샹들리에 고급 전등, 하늘색 실크벽지가 내 마음을 끌어당겼다. 수중에는 전세금 4천만 원밖에 없다. 차마 이 돈으로 그 집에 들어가겠다는 말을 못 해, 2천만 원을 융자를 낼 요량으로 6천만 원에 계약을 해 달라고 했다. 순간 부동산 중개사무소 대표는 나를 향해 레이저를 쏘듯 쳐다보며, "안됩니다."라고 딱 잘라 말했다.

그 집에 대한 권리는 집주인에게 있다. 중개사무소 대표는 말 그대로 중개 역할을 할 뿐이다. 집주인에게 내가 제시한 금액을 전해주는 역할만 해주면 된다. 하지만 중개사무소 대표는 임대자에게 '절반의 금액을 제시한다.'는 말을 해 줄 수 없다는 것이다. 설득에 설득을 거듭했지만 요지부동이었다. 할 수 없이 아이들과 집으로 발걸음을 옮겼다. 그때 뒤통수에 희미하게 "한 번 말해 보든지……"하고 혼자 하는 말소리가 들렸다. 나는 번개같이 뒤돌아가 한 번 더 부탁했다.

다음날 오후 중개사무소 대표로부터 전화가 왔다. 4백만 원 가지고 빨리 계약하러 오라는 것이었다. 그날 내가 제시한 금액으로 계약을 했고, 그 후 별 탈 없이 날짜에 맞춰서 이사했다. 나는 배짱 하나로 아이들의 소원을 들어주었고, 난생 처음 아파트에 살 게 되었다. 당시 IMF 영향으로 부동산 경기에 유동성이 있을 때였다. 그 것도 잠시, 계약 기간 2년을 채우기도 전에 새 주인이라며 전화가 왔다. 그 사이 집주인이 바뀐 것이다. 집을 비워주든지, 8천만 원을 올려달라는 것이었다. 집주인이 요구한 금액은 현실화된 금액이었다. 집주인이 재산권을 행사하는 것에 대해 이해는 되지만, 나는 그 조건을 맞추어 줄 수 없었다. 결국 이사를 하는 것으로 결론을 냈다.

사람은 벼랑 끝에 서면 죽지 않기 위해 초인적인 힘을 발휘한다. 다시 주택으로 돌아갈 수 없었기 때문에 또 한 번 모험을 감행했다. 우리가 살던 아파트와 같은 평수를 구입해야겠다고 마음먹고 중개사무소를 찾아갔다. 마침 옆 동에 2억 1천만 원에 매물이 나와 있었다. 이것을 구입하기로 결정했다. 1억 원을 융자 내기로 하고, 내가 결혼 전에 매입했던 토지가 수용되어 받은 보상금 4천만 원을 시댁 쪽에서 쓰고 있던 것을 받기로 했다. 전세금과 이 돈을 합쳐 아파트 주인이 되었다.

우리가 사는 지역은 폭우에 주택과 아파트가 침수되었던 곳으로 아파트는 재건축했다. 재건축 아파트임에도 불구하고 부동산가격이 주변 옆 동네에 비해 현저하게 낮게 거래가 되었다. 내가 아파트를 매입할 당시 옆 동네에도 재건축아파트가 완공되어 입주를 시작하고, IMF 때 침체되었던 경기가 회복세를 타면서 부동산가격이 뛰었다. 이때 우리 아파트 시세도 현실화되었다. 아파트를 구입하고 1년 만에 3배로 껑충 뛴 것이다. 그러나 아파트에 계속 눌러 살게 되면 경제적 도움이 되지 않기 때문에 새로운 방안을 찾아야 했다. 아파트를 2억 3천만 원에 전세를 놓고, 상가주택 11평의 규모에 3천만 원 전세와 월세 20만 원으로 이사를 했다. 전세금을 받은 돈으로 대출금을 일부 갚고, 연립주택을 한 채 구입했다. 위기를 기회로 삼았던 배짱 있는 행동이 5년여 만에 현재가치로 10억대 부자가 될 수 있게 해줬다. 부동산 보유는 곧 금융거래를 수월하게 해주었고, 이로 인해 아이들이 공부를 무사히 마치는 데 도움이 되었다.

'생각하는 대로 이루어진다.' 이 말은 참 많이 들었던 말일 것이다. 이 말처럼 일단 생각을 행동에 옮기면 길이 열리는 것이다. 사람들은 눈에 보이는 것까지만 믿으려 하지만, 눈으로 직접 보지 못하는 것에도 일은 계속 일어난다. 보이지 않는 무의식의 세계는 의식의 세계보다 훨씬 크다. 이것이 잠재의식이다. 자신의 한계를 넘기 위해서는 잠재의식을 끌어다 써야 한다. 성공한 사람은 잠재의식을 사용한 사람이다. 세상을 사는 사람은 위기의 순간을 겪으면서 산다. 분명한 것은 위기 속에는 점프의 기회가 숨어있다는 사실이다. 내 앞에 와준 기회에 무조건 배짱으로 도전해야 한다.

04

기회의 문은 내가 먼저 두드려라

무엇인가 하고 싶은 사람은 방법을 찾아내고,
아무것도 하기 싫은 사람은 구실을 찾아낸다.

- 앙리 마르뎅 -

세상이 생기기 전에는 아무것도 없는 허공이었을 것이다. 세상을 만든 신의 역할은 별개로 치더라도, 無에서 有가 된 것은 우리 인간이 해낸 결과이다. 無에서 有를, 有에서 확장된 有를 만들어 채웠던 것이 지금의 세상이다. 역사시대 5천 년 전부터 지금까지 변화하고 발전했던 것은 인간의 욕구로부터 비롯된 것이다. 발전은 평안함과 일상적인 일에서는 기대하기 어렵다. 세상의 발전은 일상의 평안함을 지향하는 사람들에게 미치광이 소리를 들었던 소수의 사람이 해낸 결과물이다. 발전하기 위해서는 반드시 기존의 것을 포기하거나 파괴할 각오가 있어야 가능하다.

유럽은 아시아권보다 큰 전쟁을 많이 치렀다. 1차 세계대전, 2차 세계대전, 각종 종교전쟁 등 큰 전쟁에서 청년 세대가 송두리째 희생당했다. 지금 유럽이 잘 사는 나라가 된 것은 청년 세대의 희생이 밀알이 되어 폭발적인 발전을 한 것이다. 우리의 인생사도 마찬가지이다. 언제나 평온하고 행복하기만 하다면 발전은 없다. 위기를 겪으면서 해법을 찾게 되고, 새로운 기회를 포착하게 된다. 위기는 다른 말로 발전인 것이다. 그래서 삶에서 위기를 만나면 심적으로 위축될 것이 아니라 '폭발적으로 성장할 수 있는 기회가 왔다.'고 생각하고 기뻐해야 한다. 누군가 '큐' 사인을 주면 1초도 망설임 없이 바로 "제가 하겠습니다."라고 선점을 해야 한다. 결과를 생각하기 전에 먼저 선점부터 해야 한다. 그 일을 해야 하는 일이라면 누군가 그 일을 할 것이다. 남이 한다는 것은 나도 할 수 있다는 것이다. 다시 말해 일단 선점부터 해서 선점 결과에서 시작하여 하나씩 채워나가면 되는 것이다.

90년대 후반 인터넷 문화 초기 IT 사업을 해보기 위해 집에서 3대의 컴퓨터를 갖추고 인터넷 사업을 하려고 준비를 했다. 우리나라에 인터넷 문화가 대중화되기 전까지 많은 사람들이 인터넷의 편리함을 알지 못했다. 그때 나는 인터넷을 활용하여 전자상거래가 활성화될 것을 이해하고 있었기 때문에 좋은 도메인을 많이 사 모았다. 게임을 제작하는 전문 프로그래머의 도움을 받아 홈페이지 운영과 서버 운영 등 컴퓨터 시스템 관리에 대한 지식을 습득했다. '대양의 꿈'이라는 사업명으로 사업을 해보기로 준비를 했다. 한마디로 공무원에서 돈 버는 사업가로 변신을 해보려고 했던 것이다. 큰 사업가가 될 것이라는 꿈에 부풀어 퇴근 후 밤을 세워가며 준비를 했다. 성공하기 위해서는 성공한 사업가의 조언이 도움 될 것 같아 그들을 만나는 방법을 찾아보았다. 사업가들을 만나기 위해서는 대학원 내 최고위 과정이 있다는 것을 알고 그 과정을 다니기로 생각했다. 우리나라에서 친목 도모와 친교 활동에 최고라고 자랑하는 K 대학교 경영 대학원을 점찍었다. 학교 홈페이지를 통해 공지한 최고위 과정 모집 안내를 보았더니 모집 대상이 '국회의원, 고위 공무원, 법조인, 의사, 대기업 임원' 등으로 한정돼 있었다. 한마디로 사회적 신분이 상위 1%에 해당하는 사람만 모이는 과정이었다. 나는 이들에 비교하면 지극히 평범한 공무원으로 모집 대상의 기준에 못 미쳤다.

남들은 나보다 지위도 높고, 돈도 많이 가지고 있겠지만, 나에게는 남이 가지고 있지 않은 '행동하는 용기'가 있다. 나의 장점은 생각을 바로 행동으로 옮기는 것이다. 내 신분이 모집 대상 축에 들어가지 않지만, 신청서를 접수하는 것은 내 자유이다. 그러나 신청서를 일방적으로 접수를 했을 때 사정없이 휴지통에 버려질 것 같아 지도 교수에게 전화를 걸어 신분을 밝히며 입학을 허락해 달라고 했다. 지도 교수는 모집 대상에 해당되지 않는다는 원론적인 답변을 했다. 다시 한번 "면접 후 떨어뜨려 주세요."라고 부탁했다. 처음에는 안 된다고 했지만 면접을 승낙해 주었다. 모집 대상 기준은 그쪽의 기준일 뿐, 신청자의 기준은 아니다. 신청자는 자신이 원하는 욕구가 기준이 되고, 그에 충실하면 된다. 겉으로 보기에는 서로의 기준의 간극이 컸지만 면접을 통과했다. 세상의 기준은 주관적이기 때문에 상대가 제시한 하나의 답에 매달릴 필요가 없다. 결과적으로 선발자와 신청자의 기준점이 일치한 것이다.

아이들이 미국에서 공부하고 있었지만 경제적 사정상 현지에 아이들을 보러 가는 것이 쉽지 않았다. 오랜만에 큰마음 먹고 아이들에게 가게 되었다. 현지에 갔을 때 강연이나 공연을 해야겠다고 생각하고 만반의 준비를 해서 갔다. 아이들이 있는 지역에 도착하기 전에 먼저 S 그룹 회장님께 문안 인사차 들렀다. 이때 현지에서 강연을 할 수 있도록 기업이나, 교회, 교민단체 등 소개를 좀 해달라는 부탁 말씀을 드렸다. 바로 "우리 회사에서 강연을 하세요."라고 하셨고, 나는 기회를 얻게 되었다. 회장님은 여러 개의 기업체를 가지고 계시기 때문에 그 부탁을 쉽게 들어주셨다. 나에게 너무나 귀하고, 좋은 기회가 되었다. 미국을 들어갔을 때 '무조건 해외 강연의 문을 열고 온다.'는 각오가 있었다. 혹시 장소가 갖추어진 곳에서 강연을 할 기회를 찾지 못하면 거리공연이라도 하고 오려고 마음을 먹었다. 마침 기업에서 강연을 할 수 있는 기회가 주어져서 거리공연은 하지 않아도 되었다. 거창한 강연은 아니었지만 해외강연에 이렇게 첫 발을 뗄 수 있었다.

세상은 넓고 할 일도 많다. 그러나 내가 할 수 있는 일이 있다하더라도 그 모두를 내가 할 수는 없다. 그러므로 내가 하고 싶은 것을 해야 하고, 그 기회가 주어져야 한다. 자신이 원하는 일이 있으면 먼저 행동으로 옮겨야 한다. 내가 최고경영자 모집대상의 축에 들지 않았지만 성공한 최고경영자와 함께 공부 할 수 있었던 것과 누구도 강연 요청이 없었지만, 해외에서 강연을 할 수 있었던 것은 내가 먼저 문을 두드린 결과이다. 만약 완벽한 실력을 갖춘 뒤 하겠다는 생각을 했다면 먼저 문을 두드리지 못했을 것이다. 인간이 쉽게 착각할 수 있는 것 중 하나가 '완벽'해지려고 하는 것이다. '완벽'이라는 단어는 인간의 단어가 아니다. 완벽해지려는 순간 완성품은 영원히 못 만들어 낸다. 실력과 상관없이 순간순간 기회를 보다가 치고 들어가야 한다. 일에는 연속인 것은 없다. 한 번의 일에는 그 한 번으로 완성의 의미를 가진다. 다음에 같은 일을 하더라도 다른 하나의 일일 뿐이다. 그래서 지금 가지고 있는 실력에서 최선을 다하면 되는 것이다. 이 또한 새로운 일의 하나이다. 내가 최고위 과정을 통해 공부하게 됨으로써 공무원 문화 속에 갇혀있던 사고가 열렸고, 고정관념을 버리고 능동적인 사람으로 삶의 태도가 바뀌었다. 미국에서 한 강연은 해외라는 의미가 있어 나의 경력에 도움이 된다. 이렇게 먼저 기회의 문을 두드리면 새로운 개척의 길이 연속적으로 열리는 것이다.

박덕은의 저서 《성공 DNA》를 보면, 미국의 제강업계를 지배했던 카네기가 나폴레온 힐에게 부의 비밀 메신저를 제안한 내용이 있다. "새로운 철학을 하나의 프로그램으로 만드는데 20년 정도의 조사 기간이 필요하고, 협력자들이나 인터뷰를 해야 할 사람들에게 직접 소개장을 써 주겠다고 하며 이일을 해보겠나?" 물었고, 이에 나폴레온 힐은 망설임 없이 "네, 하겠습니다."라고 바로 대답했다고 했다. 이때 카네기는 주머니에서 스톱워치를 꺼내 보여주며 "대답하기까지 딱 29초 걸렸네. 그동안 260명의 사람에게 제안해 보았지만, 아무도 1분 안에 대답하지 못했네. 이런 결단을 1분 안에 내리지 못하는 사람이라면 그 어떤 일을 시켜도 신통치가 않지."라며 힐에게 그 일을 맡긴 것이다. 힐은 그로부터 20년이 지나 그 약속을 지켜냈다. 이처럼 평상시 '기회는 내가 먼저 선점한다.'는 습관이 없으면 대답을 빨리할 수 없다. 일단 기회는 선점하고 보아야 한다. 걸림돌의 문제가 발견되면 그때 생각해보면 된다.

　　어떤 일이든지 장·단점이 있다. 그 일에 대한 상황 파악을 하는 순간, 그 일을 놓칠 공산이 크다. 현명한 사람은 어리석은 자가 피했던 문제에 직접 뛰어든다. 세상의 기회는 모두에게 공평하지도, 그 반대이지도 않다. 기회는 오는 것이 아니다. 기회는 선점하는 것이고, 붙잡아야 하는 것이다. 설사 기회를 잡은 것이 자신의 능력에 못 미친다 하더라도 자신이 책임을 지려는 의지만 있으면 해낼 수 있다. 몸은 바보이다. 마음이 시키면 다 해내게 되어 있다. 그러므로 어떤 일을 발견하면 '내가 하자.'는 습관을 만들어 놓아야 한다. 언제, 어디서든지 기회 포착이 되면 먼저 선점하기 위해 액션(Action)을 취해야 한다. 그러나 내가 욕망하는 것을 해소하기 위해서는 다가오는 기회만으로는 부족하다. 기회의 문은 내가 먼저 두드려야 한다.

05

용기는 자기 브랜드를 만드는 무기다

젊음아 용기를 잃으면, 전부를 잃는다.

- 괴테 -

인간은 사회적 존재다. 사회적 존재라는 것은 타인과 사회적 관계를 맺고 상호 작용하면서 함께 산다는 의미다. 사람은 생명이 붙어있는 한 사회의 인간관계 속에서 살아가야 한다. 이때 하나같이 똑같은 삶을 살아가지 않는다. 삶은 개인마다 형태도 다르고 크기도 다르다. 작은 것은 큰 것을 지향하고, 큰 것은 더 크기를 지향한다. 여기서 나의 존재를 드러냄으로써 갈등이 생기겠지만 결국은 나의 존재 의미는 인생에 큰 부분을 차지한다. 오스트리아의 정신의학자이자 심리학의 거장인 알프레드 아들러는 "인간은 변할 수 있고, 누구나 행복해질 수 있다. 단 그러기 위해서는 용기가 필요하다."고 말했다. 용기를 낸다는 것은 불안하고 두려운 것으로부터 탈출하는 일이다. 두려움에서 한 번 탈출하게 되면 면역이 생긴다. 면역이 있다는 것은 반복되는 자극에 반응하지 않고 무감각해지도록 하는 것이다. 그러므로 두려움에 대한 예방이 되어 용기를 낼 수 있다. 한 번의 용기는 영원한 용기가 될 수 있다.

국세청은 국가 재원을 조달하는 국가기관이다. 국세청은 세법이 정하는 바에 따라 세금을 부과·징수하게 되는데, 크게 2가지 유형으로 나눌 수 있다. 첫째는 납세자가 세법의 규정에 따라 자신의 납세의무를 제대로 이행할 수 있도록 안내하고 도와주는 서비스 기능을 수행한다. 둘째는 모든 납세자가 세법이 정하는 바에 따른 납세의무를 제대로 이행토록 하기 위하여 세금 징수 등의 기능을 수행한다. 국세청에서는 본 목적 이외에도 소외된 사람들을 위한 불우이웃 돕기도 활발히 한다. 불우이웃 돕기 바자회, 사랑의 봉사 단체, 여성 관리자모임, 여직원회 등 여러 형태의 조직을 만들어 어려운 사람들을 보듬는 활동을 한다.

"요즘 힘드시죠. 힘내시라고 제가 노래 한마디 하겠습니다."

운종룡(雲從龍) 풍종호(風從虎)라, 용이 가는 데 구름이 가고,
범 가는 데 바람이 가니, 금일송군(今日送君) 나도 가요~
우리 힘을 모아 주야 상사로 파이팅 파이팅~

불우이웃 돕기 행사를 마친 후 판매자로 동원되었던 직원을 대상으로 기관장 주체 구내식당에서 식사 모임을 했을 때 내가 부른

노랫소리이다. 참석한 직원들은 제각기 건의사항, 개선사항과 자기소개를 근사하게 잘 했다. 이때 나는 인사말 대신 민요의 가사를 조금 바꿔 노래를 부른 것이다. 자기소개 시간에 뜬금없이 시키지도 않았던 노래를 하니까 다들 놀랜 눈치였다. 청장님은 마무리 멘트를 통해 "이런 자리에서 노래를 부른다는 것은 대단한 용기가 있어야 가능하다. 이런 용기 있는 여성이 있다는 것은 우리 사회의 밝은 미래를 보는 것 같다."라고 칭찬을 해주었다. 그날 40여 명이 참석했지만, 뇌리에 분명하게 남은 사람은 딱 한 사람. 그 사람이 바로 나인 것이다. 자신을 소개할 때에는 자기 브랜드를 분명히 알려야 한다. 남들과 비슷한 인사법으로 자기소개를 하는 것은 자신을 제대로 알리는 것을 포기한 것이나 다름없다. 그러나 어떤 자리에서 자신을 알리는 데에는 그 대가를 치러야 한다. 그것은 긴장과 두려움이다. 이에 용기를 낸 사람은 그 보상을 받게 된다.

대학교를 다닐 때 과대표를 했기 때문에 강의하신 여러 교수님과 친분이 두터웠다. 교수님 중 한 분으로부터 자제 결혼 청첩장을 받았다. 졸업을 한지 꽤 오래되었지만 총동문회 운영진에서 활동을 하고 있었기 때문에 학교 소식을 듣고 있었다. 결혼식에 참석하면 다른 교수님도 만나 뵐 수 있을 것 같아 결혼식장에 갔다. 초행길이라 조금 늦게 도착하는 바람에 이미 결혼식은 시작되었고, 하객들 자리에는 소등이 되어 있어 사람을 인식하기 어려웠다. 하지만 그분들을 뵙고 싶은 마음에 테이블을 기웃거렸다. 이때 화들짝하고 한 분이 뛰어나왔다. 갑자기 한 사람이 급하게 뛰어나가니까 무슨 일이 생겼나 해서 그 테이블 사람들이 고개를 돌려 쳐다 보았다. 내가 찾던 테이블인 것이다. 갑자기 뛰어나온 분은 동문회 임원이었다. 사실 그분은 1년 전 총동문회 임원진들 모임에서 한번 뵌 적이 있었다. 그런데 그분은 나를 보는 순간 반사적으로 뛰어나온 것이다. 임원진 모임 시 자기소개 때 노랫가락으로 인사를 했다. 그때 내 이미지가 각인되어 있어 자신도 모르게 몸이 자동적으로 반응한 것이다.

자기소개란 자신을 알리는 것이 목적이다. 대부분의 사람들은 자기소개 때 이름과 직장, 직책, 하는 일 등에 대한 사항을 말한다. 이런 자기소개는 소수의 인원일 경우에 효과가 있다. 많은 사람이 모였을 때에는 자신의 소개를 웬만큼 잘해도 듣는 사람 입장에서 자신이 콕 찍어서 필요로 하는 사람이 아니면 누가 누구인지 기억조차 못 한다. 자기소개를 할 때에는 자신을 기억할 수 있도록 남들과 분명하게 다른 소개 방법을 써야 한다. 내가 자기소개 시간에 노랫소리로 소개를 대신하는 이유는 나를 기억해 달라는 의미이다. 앞에서 소개한 두 사례도 내가 노래를 잘해서 했던 것은 아니다. 남과 다른 방법을 찾은 것이 노랫소리이다. 직장에서 식사 모임 때 노랫소리 한 번으로 식사 때 참석한 직원뿐만 아니라 전 직원에게까지 알려져 유명 인사가 되었고, 예식장에서 반사적으로 반겨주었던 동문회 임원도 딱 한 번 보았지만 나를 기억하고 있었던 것이다. 이처럼 자신을 분명하게 알리고 싶다면 남들과 다른 모습을 보여줄 수 있는 용기가 있어야 한다.

"나는 용기란 두려움이 없는 것이 아니라 두려움을 이겨내는 것임을 깨달았다. 용감한 인간은 두려움을 느끼지 않는 사람이 아니라 두려움을 극복하는 사람이다." 이 말은 남아프리카 공화국 최초 흑인 대통령인 넬슨 만델라가 남긴 명언이다. 어떤 일에서 성공하는 사람과 그렇지 않은 사람의 차이는 능력이 아니라 두려움을 극복하고 행동으로 옮기는 용기이다. 로버트 F. 케네디도 "크게 실패할 용기 있는 자만이 크게 이룰 수 있다."는 말을 했다. 삶을 영위하면서 순간순간 선택과 도전 앞에 놓이게 된다. 이때 어떤 선택을 하느냐에 따라 인생도 달라진다. 여기서 중요한 것은 탁월한 선택은 없다. 다만 선택한 것에 대해 행동하는 용기가 탁월한 선택이다. 위험한 투자일수록 수익을 많이 남겨준다. 용기는 두려움을 느끼는 것에 대한 저항으로 잘 하는 것을 시작하는 것이 아니라, 남이 안 하는 것을 내가 하는 것이다. 즉 누구도 행동하지 못하는 것을 배짱으로 치고 나가는 행동이 용기이고 남는 장사가 된다.

어제보다 오늘, 오늘보다 더 나은 내일을 맞이하기 위해서는 행동하는 용기가 있어야 한다. 삶을 영위하는 동안 새 날과 새 일은 날마다 밀려온다. 처음 해보는 일들은 두렵다. 기존의 롤모델이 없는 일은 더욱더 그렇다. 그러나 이를 시도하는 사람도 있다. 우리는 이들을 용기 있는 사람이라고 한다. 자신의 인생을 만드는 사람은 자기 자신이며, 그 씨앗은 생각이다. 씨앗을 자라게 하는 것은 바로 행동이다. 남의 눈치로부터 나오는 행동은 자신이 한 행동이라고 하더라도 자기 것이 아니다. 생각과 행동이 자신 의도에 의해 행해질 때만 온전히 자기 인생이 된다. 언제나 자기의 마음과 직관에 따라 용기를 써먹자. 창의가 핵심인 4차 산업혁명 시대를 맞아 자기 브랜드를 만드는 것은 매우 중요하다. 용기는 자기 브랜드를 만드는 최고의 무기이다.

06

체면을 버리면 창의력이 생긴다

꿈을 버리지 말자.
꿈이 사라지면 당신은 존재하지만, 사는 것은 끝난 것이다.

- 마크 트웨인 -

"창의의 탄생은 체면을 죽여야 가능하다."

이 말은 위대한 철학자도, 동네 건달의 말도 아니고, 체면 보다 변화를 중시하는 저자의 말이다. 누구의 눈치를 본다는 것은 행동을 자의적으로 할 수 없다는 의미이다. 인생은 자신이 주체적으로 살아야 한다. 동양의 정서는 개인주의 성향보다는 '우리'라는 팀 문화가 자리 잡고 있어 체면을 중시하는 편이다. 작은 일 하나라도 시작하려면, 가족이나 직장 동료 또는 이해관계자들의 눈치를 살피게된다. 미래로 나가기 위해서는 창의력이 중요하다. 창의의 탄생은 체면을 죽여야 가능하다.

　'우리'라는 집합체도 결국 개인이 똑똑할 때 능력 있는 팀이 된다. '우리'라는 틀에서 과감하게 탈출해야 '나'라는 개인을 개발할 수 있다. 하고 싶은 것이 있고, 얻고 싶은 것이 있다면, 어떤 구속도 용납해서는 안 된다. 누구의 눈치도 보지 말고 무조건 실행해야 한다. 그래야 실행한 결과가 좋든, 그렇지 않든 자기 것이 된다. 눈치에 의해 한 행동은 온전한 자기 것이 아닌 반면 책임은 자신에게 있다. 자신에게 주어진 시간은 한정되어 있다. 한정된 시간에 남의 시선을 의식해 주저하는 것은 지혜롭지 못하고 어리석은 것이다. 인생에는 연습이 없다. 엄밀하게 따지면 한 번 하는 행동은 시작이자 끝이다. 즉 시작과 동시에 완료인 것이다. 그래서 더욱더 자신의 인생을 만드는데 주체적이어야 한다. 한번 지나간 시간은 다시 되돌릴 수 없고, 영원한 과거가 될 뿐이다.

　나는 아이들을 키우면서 세 가지를 강조했다. 그 세 가지는 법과 도덕, 그리고 양심이다. 이것에 저촉되면 천하의 어떤 것이 생긴다 해도 안 된다는 원칙이다. 반면에 이에 속하지 않는다면 아이들이 원하는 것은 무조건 해보게 했다. 아이들이 하고 싶은 일에 대해 특별한 제약 없이 적극적으로 지원해 준다. 그 덕분에 모든 일에 자신감이 있고, 창의력이 뛰어난 편이다. 막내는 창의력이 생명인 영상디자이너가 되어 맹활약 중이다. 내 인생 또한 웬만한 일은 그렇게 살았다. 누구 때문에 안 된다는 것은 내 사전에 없다. 그 대상이 부모이든, 남편이든, 제3의 권력자이든 눈치 볼 필요가 없다. 내가 선택한 것을 실현하기 위해서는 그 반대쪽의 것을 과감하게 포기하면 된다. 버린 선택이 생명을 위협하지 않는 한 어떤 상황이든지 잘 버텨낸다. 삶을 만드는 주인공은 바로 나 자신이고, 그에 대한 책임 또한 자신의 몫이다. 체면 때문에 남의 조언에 따라 했다가 원하는 답을 얻지 못했을 때, 그때 후회하고 원망해 보았자 이미 소용없는 일이다. 후회는 아무리 빨라도 시작보다 늦다.

어느 날 TV의 한 프로그램에서 고민이 있는 의뢰인과 피의뢰인을 동석시켜, 그 고민을 풀어나가는 프로그램을 시청했다. 50대 후반 정도의 어머니가 의뢰인으로 나왔고, 30세 된 미혼 아들이 피의뢰인으로 함께 참석했다. 내용인 즉, 아들이 머리를 길게 길러서 여자 같다는 것이 어머니의 고민이었다. 고등학교 때까지 손잡고 함께 영화를 보았던 사이였으나 지금은 1년 넘게 쪽지로만 대화를 한다고 했다. 어머니가 고민하는 이유는 "남들이 볼 때, 부모가 교육을 잘못시켜서 남자가 머리를 길렀다고 생각할 것 같아 창피하다."는 것이었다. 패널과 방청객 의견이 분분했으나 프로그램에서 마무리 결론은 아들이 양보하여 어머니 바람대로 단발머리 정도로 자르기로 하는 것으로 끝이 났다. 이때 두 사람 모두 눈물을 흘렸다. 그러나 흘렸던 눈물의 의미는 각자 달랐을 것이다. 바라보는 시청자인 나도 아이를 키워보았기 때문에 어머니 마음도 아이의 마음도 이해를 했다. 대부분의 부모는 자기 자식이 남에게 착하다는 소리를 듣게 하고 싶고, 손가락질을 받지 않도록 하고 싶은 것이다.

그러나 커가는 아이들은 새로운 유행에 민감하기 때문에 그 문화를 쫓아 해보려고 한다. 어른들은 새로운 것은 익숙하지 않기 때문에 낯선 것에 대한 거부감이 있다.

나는 아이들이 무엇이든지 해보고 싶어 하는 것은 무조건 해보게 하는 교육관을 가지고 있다. 20년 전 머리에 컬러로 염색하는 문화가 유입됐다. 유행을 먼저 받아들이는 사람은 낯섦에 대한 손가락질을 받을 각오를 해야 한다. 그런 욕먹을 각오가 있는 사람만 시대의 유행을 좇아갈 수 있다. 초등학교 2학년인 막내가 머리 전체를 노랑머리로 염색을 해 달라고 했다. 나는 바로 OK 했다. 내 정서에는 맞지 않지만 아이가 하고 싶어 하니까 해주겠다고 한 것이다. 방학을 맞아 노랑머리로 염색을 해 주었다가 개학을 앞두고 검정색으로 염색을 해 주었다. 당시 머리 몇 가닥만 브리지 염색만 해도 별난 사람으로 볼 때다. 노랑색 머리를 하고 다닌다는 것은 동네 사람들로부터 엄청난 시선을 각오해야 했다. 아이는 기뻐했고, 새로운 경험을 해 본 것이다. 예상대로 동네 사람들은 아이의 독특함에 시선이 머물렀고, 아이는 동네의 명물이 되어 이름을 모르는 사람이 없었다.

부모가 자녀에게 하는 교육은 모두 미래에 훌륭한 사람이 되길 바라는 마음이다. 그러나 교육의 방법은 가정마다 각기 다르다. 부모의 정서와 자녀의 정서, 주변의 환경 등 여러 가지를 고려하여 종합적 판단에 의해 하게 된다. 그러므로 자녀에 대한 교육 방법이 어떤 것이 옳다고 잘라 말할 수는 없다. 그러나 일반적으로 미성년자와 성년자는 구분해야 한다. 부모가 자녀를 위해 최선을 다해 주는 것은 의무이자 책임이다. 자녀 또한 가르침을 받을 권리가 있다. 부모의 자녀책임 의무는 미성년자 때까지로 보아야 할 것이다. 성인이 되면 모든 것을 자기 스스로 할 수 있도록 권한을 줘야 하고, 그에 대한 책임도 맡겨야 한다. 그러나 우리나라 정서는 자식을 위하는 마음이 자신이 죽는 그 날까지 분신처럼 아끼고 염려한다. 이런 문화가 가족적으로 장점도 많지만, 단점도 많다. 스스로 자신을 컨트롤 할 수 있는 나이인 성인이 되면 누구로부터도 간섭을 받는 것을 싫어한다. 그러나 성인이 되어도 부모와 한집에 살게 되면 경험이 많은 부모는 당연히 자식을 안전한 방향으로 인도하길 원하기 때문에 모든 일에 관여하게 된다. 부모의 지나친 자식 사랑에 자녀들은 불편해한다. 이로 인해 파생되는 가족 간의 갈등도 만만찮게 많이 생기기도 한다. 또한 과한 보호는 창의력을 죽이는 무기로 둔갑하기도 한다.

"다른 사람들이 아니라고 해도 당신의 아이디어를 믿어라. 당신의 능력을 고수하고 변화하기 위해서는 무엇이든 기꺼이 시도해 보아라." 미국 최대의 대형할인점인 월마트의 설립자 샘 월튼의 말이다. 그가 자신을 믿고 시도해 보고자 하는 정신이 미국 최고의 마트를 일궈낸 것이다. 어떤 일에 있어 자기 스스로의 판단에 의해 선택한 일은 해내고자 하는 강한 의지력과 행동력이 있다. 그러나 누구의 눈치를 보며 행동을 하게 되었을 때에는 내가 원하는 결과 값을 얻지 못할 수 있다. 자녀가 자신을 믿고 스스로 행동할 수 있도록 길을 열어주는 역할을 하는 것은 부모의 몫이다. 그러므로 부모는 자녀가 하고 싶어 하는 일이 있으면 적극적으로 지원해 주는 것도 좋다. 다만 안전에 문제가 없는지만 신경을 쓰면 될 것이다.

미국 시인 로버트 프로스트《가지 않은 길》시의 말미에 "두 갈래 길이 숲속으로 나 있었다, 그래서 나는 사람이 덜 밟은 길을 택했고, 그것이 내 운명을 바꾸어 놓았다."라는 구절이 나온다. 이처럼 남이 먼저 간 길에는 얻어지는 것이 적지만, 남들이 가지 않은 길을 갔을 때는 자신에게 기회가 많다. 남들이 행하지 않는 일이라고 망설일 필요는 없다. 인생의 주인은 자신이다. 사회적 지탄의 대상이 아니라면 남의 눈치를 볼 필요가 없다. 창의가 생명인 시대에 살아남고 주체적인 삶을 살기 위해서는 체면 따위는 과감히 버릴 수 있어야 한다. 체면의 장벽을 허물어야 창의력이 생긴다.

07

실패 없는 선행에 투자하라

한 인간의 가치는 그가 무엇을 받을 수 있느냐가 아니라
무엇을 줄 수 있느냐로 판단된다.

- 아인슈타인 -

직장에 다니고부터 남을 돕는 일에 관심이 많았다. 부산지청 근무 시절 여직원 회장을 맡았을 당시 불우이웃 돕기 기금을 마련하기 위해 한 번도 시도한 적이 없었던 일일찻집을 열었다. 인근에 다방을 빌려 일일찻집을 운영하고 생긴 수익금으로 장애자 수용시설에 연탄과 쌀, 기부금을 전달하고, 시설에서 원생들과 함께 놀아주는 봉사를 했다. 이것이 내 선행의 첫 출발이다. 이후 결혼을 하고 가정과 아이들을 돌보느라 잠시 쉬었다가 아이들이 어느 정도 성장한 후 봉사와 기부를 다시 시작했다. 직장과 자녀 양육, 학교 공부 등으로 시간적 여유가 없었지만 내 소중한 시간을 봉사에 투자하기

로 했다. 여성에게 월 1회 주어지는 보건휴가가 있었지만 활용하지 않던 것을 사용하기로 했다. 그때부터 본격적으로 양로원과 지체부자유자 시설 등에 봉사를 다녔다. 처음에는 그들을 위해 봉사를 했다. 그 회수가 더해지면서 의무감에서 하는 봉사가 아닌 '헬퍼스 하이' 효과에 의해 기쁜 마음으로 즐기는 봉사를 했다.

'헬퍼스 하이(Helpers High)'란 용어는 미국의 내과 의사 앨런 룩스의 연구 내용이다. 실험 결과에 따르면 사람들이 남을 돕고 나면 신체적으로나 정서적으로 좋은 느낌을 유발하고, 그 좋은 느낌이 신체에 몇 주간 긍정적 변화를 준다는 이론이다. 봉사를 하는 사람들을 보면 생활여건과 상관없이 봉사를 하는 사람이 자발적으로 지속적으로 하는 경우를 많이 본다. 이는 헬퍼스 하이 효과의 영향을 받기 때문이다. 누구라도 처음 봉사를 할 때 불우한 사람을 돕기 위해 시작한다. 봉사를 하다 보면 내 손으로 남을 도왔다는 보람이 생긴다. 그리고 봉사를 하고 나면 기쁨이 충만해지므로 인해 자기도 모르게 끌림에 의해 봉사를 계속하게 된다. 선행을 하면 건강에 좋은 신경전달물질이 분비된다고 한다. 따라서 정신건강에도 말할 나위 없이 좋다. 봉사는 불우한 이웃을 돕는 것뿐만 아니라 자신의 건강도 챙길 수 있어 좋다. 건강이 좋아지므로 인해 면역기능이 강화되어 질병이 예방되어 수명도 길어진다. 건강은 인생을 만드는 에너지의 원천이 되기도 한다.

아이들 유학으로 경제적으로 어려워 당장 내일을 기약할 수 없을 때에도 기부는 계속했다. 기도할 때 "이국 멀리 어려운 환경에 있는 우리 아들을 주님이 돌보아주세요. 저는 국내 어려운 환경에 있는 사람을 돌보겠습니다."라고 했다. 그래서 남을 돌보는 것은 선행이 아니라 우리 아이 대신 돌보는 것이기 때문에 책임감 있게 했다. 장애자 수용시설, 혈액암센터, K 대학 학생 2명, 세계선교 단체 등에 급여통장에서 자동이체로 인출되도록 해놓았고, 교회에 십일조도 항상 했다. 아이들이 공부하는 10년 동안 지속적으로 했고, 지금도 일부는 계속하고 있다. 그동안 남을 위해 선행을 했던 것은 궁극적으로 불우한 사람들에게 도움을 주고자 한 것이었으나, 엄밀히 따져보면 내가 받은 복이 더 크다. 아이들이 탈선하지 않고 반듯하게 자랐고, 학교도 무사히 마칠 수 있었고, 내 건강도 회복할 수 있었고, 또 어떤 일을 시도하면 자연스럽게 길이 열렸다. 이런 것을 두고 복이 많은 사람이라고 할 것이다.

"복 있는 사람은 악인의 꾀를 좇지 아니하며 죄인의 길에 서지 아니하며 오만한 자의 자리에 앉지 아니하고 오직 여호와의 율법을 즐거워하여 그 율법을 주야로 묵상하는 자로다 그는 시냇가에 심은 나무가 시절을 좇아 과실을 맺으며 그 잎사귀가 마르지 아니함 같으니 그 행사가 다 형통하리로다." 성경말씀(시편 1:1~3)에 기록되어 있다. 기독교 신자들은 이 성경 구절을 애송하며 악인의 꾀를 좇지 아니하고, 죄인의 길에 서지 아니하고, 오만한 자의 자리에 앉지 않으려고 한다. 일반적으로 생각하는 복 있는 사람이란 구분해 보면 건강의 복, 물질의 복, 사회적 성공의 복 일 것이다. 종교가 있든,

없든 복 있는 사람이 되고 싶어 하고, 복을 받기를 원한다. 그러나 사실 복이 무엇에서 생기고, 어디서, 어떻게 오는지 아무도 모른다. 또 어떻게 하면 복을 받을 수 있는지도 모른다. 나 역시 마찬가지 이다. 하지만 각자의 방법대로 복을 받기 위해 노력한다. 내가 생각한 복 받는 사람이란 성경말씀과 일반적 생각을 합친 것이라고 여긴다. 그래서 종교생활도 열심히 하지만 선행에 관심이 많다. 돈이 많은 사람은 은행에 저축을 해 두었다가 필요할 때 그 돈을 꺼내 쓴다. 이처럼 선행을 모우는 창고를 하늘에 두고, 그곳에 선행을 쌓아 놓으면 진정으로 필요할 때 꺼내 쓸 수 있을 것 같아 하늘에 선행을 쌓기를 열심히 한다.

인간에게 제1의 가치는 생명이다. 그러나 인간은 태어남과 동시에 죽음을 향해서 걸어간다. 자신이 죽어야 한다는 것은 누구나 다 알고 있지만, 죽음의 때는 아무도 모른다. 인간의 생명에 대한 연구에서 밝힌 내용은 20세까지 성장하는 것으로 보아 성장 기간의 6배 이상을 살지 못하고, 또 세포분열 한계 나이를 120세까지로 보아, 인간의 수명은 120세라는 것이다. 인간의 수명에 대해 성경과 동의보감에도 다음과 같이 언급하고 있다. 성경 창세기 6장 3절에 "여호와께서 이르시되 나의 영이 영원히 사람과 함께하지 아니하리니 이는 그들의 육신이 됨이라 그러나 그들의 날은 백이십 년이 되리라 하시니라"고 기록이 되어있다. 동의보감 내경편(內頸篇)에서도 "인간은 만물의 영장이 되니, 본래 수명은 4만 2천2백여 일, 즉 1백20세를 살 수가 있다."고 기록하고 있다. 지금의 시대에 120세까지 살았다는 사례는 심심찮게 듣고 있다. 그렇다고 오래 살 수 있다는 것만으로 좋아할 것은 아니다. 반드시 건강이 수반되어야 한다. 심자일신지주(心者一身之主)라는 말이 있다. 즉, '마음이 몸의 주인이다.'라는 뜻이다. 건강하고자 하면 마음의 기쁨을 가져야 한다.

마음을 기쁘게 하기 위한 방법 중 하나가 남을 돕는 일이라는 연구결과가 있다. 그것이 '마더 테레사 효과'이다. 두피디아에 등록된 것을 보면, 마더 테레사 효과는 "남을 돕는 활동을 통하여 일어나는 정신적, 신체적, 사회적 변화. 1998년 미국 하버드대학교 의과대학에서 시행한 연구로서 테레사 수녀(1910. 8. 27~1997. 9. 5)처럼 남을 위한 봉사활동을 하거나 선한 일을 보기만 해도 인체의 면역기능이 크게 향상되는 것을 말한다. 슈바이처 효과라고도 한다." 이 연구 결과는 직접 봉사활동을 하는 것은 물론, 남이 봉사 활동하는 것을 보기만 해도 엔도르핀(endorphin)이 평소의 3배가 분비되고, 도파민 등 긍정 물질이 분비되는 효과가 있다는 것이다.

"재산을 잃으면 조금 잃는 것이요, 명예를 잃으면 반을 잃는 것이지만, 건강을 잃으면 전부를 잃는 것이다."라는 말을 많이 들어보았을 것이다. 재산과 명예 그리고 건강에 대한 욕구는 끝이 없다. 이 세 가지를 모두 다 가지면 가장 해피하다. 그러나 재산과 명예는 평범한 삶에서 얻어지는 것이 아니다. 땀과 눈물 그리고 고통과 고뇌의 대가로 얻어지는 결과이다. 이를 얻기 위해 혼신의 힘을 다하다 보면 건강을 잃을 수 있고, 그로 인해 건강을 잃는다면 아무 소용이 없다. 이 말을 뒤집어 보면 건강을 잃게 되고, 몸이 사라지면 재산도 명예도 아무런 소용이 없다는 의미이다.

일단 세상에 내가 존재해야 한다. 존재한다면 욕망을 해소하기 위해 최선의 힘으로 삶을 살게 될 것이다. 그러기 위해서는 많은 일들과 만나야 하고, 그 일을 해내야 한다. 이때 내가 가진 힘보다 더 큰 힘이 보태어진다면, 비단 위에 꽃을 더한 것처럼, 좋은 일에 좋은 일이 더한 것처럼, 금상첨화(錦上添花)가 될 것이다. 선한 일을 하고 그에 대한 대가를 받아버리면 그 일은 이미 선행이 아닌 거래가 된다. 즉 선행을 하고 얼마라도 남아 있어야 선행 창고에 저축할 수 있다. 그러므로 평온할 때 선행 저축을 열심히 해 두어야 내가 원하는 일을 할 때 꺼내 쓸 수 있다.

사람들은 호주머니에 가진 게 있으면 스스로 힘이 난다. 내 호주머니에 돈이 있으면 힘이 나고 기가 사는 반면 그렇지 않으면 스스로 기가 꺾인다. 내 호주머니의 사정은 아무도 모른다. 그러나 자신은 속일 수 없다. 하늘에 쌓아둔 선행이 많다면 마음이 풍성할 것이고, 세상일을 대하는 태도도 다를 것이다. 어떤 일을 시작하면서 자신감으로 치고 나가는 행동과 그렇지 못한 행동에서 나온 결과는 분명 다를 것이다. 자신감 있는 사람은 행동에 대한 결과도 낙관론이 된다. 믿음은 바라는 것의 실상이다. 그러므로 선행은 실패가 없는 투자인 셈이다.

08

믿음은 바라는 것의 실상이다

마음이 하기로 결정한 일, 그보다 중요한 건 없다.

- 파울로 코엘료 -

미국에서는 미성년자가 보호자 없이 혼자 숙박업소에 들어갈 수 없다. 2005년 큰 아이가 유학을 간 그 해 방학 때 기숙사 문을 닫는 날에 맞춰 현지 환경도 살필 겸 일찌감치 D 항공사에 항공권을 티켓팅을 해두었다. 그런데 출국을 며칠 앞두고 D 항공사의 조종사 노조에서 임금 인상과 사측의 경영 투명화를 요구하는 총파업을 벌였다. 노사협상이 타결되지 않자 결국 노조는 파업을 했다. 미주 직항은 다 끊어지고 일본을 우회해 가는 노선마저 좌석이 없었다. 아이를 공중에 띄워두지 않는 한 미국에는 꼭 가야 했다. 아이는 울고 나는 속이 탔다. '믿음은 바라는 것의 실상'이라는 것을 나는 믿었다. 간절히 원하면 그날 출국할 수 있을 것이라고 믿었다. 부모에게 자식 보호본능보다 더 앞서는 것은 없다. "엄마가 미국을 가야 하기 때문에, 그날 비행기는 반드시 뜬다."고 아이를 안심시켰다.

정부는 노조와 사측이 협상이 되지 않고 며칠간 지속되자「노동조합 및 노동관계조정법」제76조 긴급조정의 결정에 의해 '긴급조정권발동'을 했다. 긴급조정 명령은 '쟁의행위가 공익사업에 관한 것이거나 그 규모가 크거나 그 성질이 특별한 것으로서 현저히 국민경제를 해하거나 국민의 일상생활을 위태롭게 할 위험이 현존하는 때' 국가의 명령이다. 긴급조정권 명령이 떨어지면 해당 노조는 30일간 파업 또는 쟁의 행위가 금지되며, 중앙노동위원회가 조정을 개시하게 된다. 명령이 있음에도 이를 어기고 불법파업을 계속 하게 되면 사법처리가 되고, 이때 발생한 민사상 손해에 대해서도 회사는 노조를 상대로 손해배상을 청구할 수 있는 것이다. 1963년 이 법이 제정된 이후 '긴급조정 명령'은 실제로 1969년 대한 조선공사 파업, 1993년 현대차 노조 파업, 2005년 7월 아시아나항공 조종사 파업에 3회에 걸쳐 있었고, 대한항공 조종사 노조 파업을 4번째 했던 것이다. 국가에서 긴급조정 명령에 의해 항공사 노조는 강제로 회사로 복귀했다. 조종사들이 항공기 운행 복귀는 회사 내규에 의해 휴식을 취한 후 복귀할 수 있게 되어 있어 그 기간을 취한 후 복귀했다. 나는 운행 첫 비행기를 타고 출국했다. 내가 티켓팅 해 두었던 날짜에 비행기를 반드시 탈 것이라는 것을 강하게 믿었던 것이 현실이 된 것이다.

상(賞)이라는 것은 작은 상이든, 큰상이든 받으면 기분이 좋다. 그래서 누구나 상을 받고 싶어 한다. 직장인 대부분은 자신이 맡은 바 업무에 성실하고 책임성 있게 한다. 그러나 상은 상대적인 것이고, 승진에 가점이 있기 때문에 자신이 성실하고 최선의 결과를 냈다고 하더라도 자신에게 돌아온다는 보장은 없다. 그러나 내심 누구나 받고 싶어 한다. 나는 본청에서 일선관서로 자리를 옮길 계획이 있어 일선관서로 나가기 전에 최고 기관장 상을 하나 받고 싶었다. 나는 행동하기 전에 미리 결과를 예단하지 않는 것이 나의 장점이다. 부서 실무자에게 "상을 하나 받고 싶습니다."라고 의사를 표명했다. 그 말에 대한 대답 대신 돌아온 것은 묘한 분위기였다. 그 말이 있고 수개월이 지난 후 새 기관장이 부임했다. 사회적 분위기를 타고 '사회공헌대상'을 신설했다. 이 상은 누구도 손댈 수 없는 잠정적 대상자가 정해져 있는 상이다. 이때 내가 오랫동안 봉사와 기부를 해왔던 증빙을 제출했다. 사회공헌대상은 자동적으로 나에게 돌아왔다. '기부후원 분야' 대상자로 선정되어 상금 50만 원과 큰 트로피를 받았다. 더 값진 상을 받은 셈이다.

'꿈은 이루어진다.' 자신이 바라는 것을 간절히 원하면 이루어지는 것이다. 간절히 원하는 것에는 정보와 에너지가 모이게 되고, 행동은 그 방향으로 따라가기 때문에 이루어질 수밖에 없다. 내가 티켓팅했던 것에 맞춰서 미국에 반드시 가야 한다는 것과, 기관장 상을 꼭 받고 싶었던 것을 선포함에 따라 현실이 된 것이다. 미리부터 안 될 것이라고 생각만 하고 가슴에 담아 두었다면, 세상은 내가 무슨 생각을 하고 있는지 알 수 없기 때문에 내 편이 되어주지 못한다. 그러나 속내를 밖으로 뿌리면 그것이 씨앗이 되어 자라게 된다. 봉지 속의 씨앗은 백 년이 지나도 싹 트지 않는다. 씨앗은 반드시 뿌릴 때에만 싹이 나듯 생각한 것이 있으면 말로하고, 행동으로 옮겨야 한다. 생각과 행동을 세상에 선포하면 반드시 결과를 얻게 된다. 생각이 세상에 태어날 때에는 행동을 통해서만 가능하다. 행동으로 싹이 트면 생각의 본질은 사라진다. 이 원리를 아는 사람은 원하는 것이 있으면 바로 행동으로 옮긴다.

"생생하게 상상하라. 간절하게 소망하라. 진정으로 믿으라. 그리고 열정적으로 실천하라. 그리하면 무엇이든지 반드시 이루어질 것이다." 이 말은 미국의 보험 왕으로 27세에 백만장자 대열에 오른 폴 마이어의 말이다. 그는 19살 때 커다란 꿈을 가지고 보험회사에 취직했다가 말을 더듬는다는 이유로 3주 만에 쫓겨났다. 그때 그는 "당신은 지금 세계 제일의 세일즈맨을 잃어버린 거야. 나는 성공할 수 있어! 반드시 세일즈맨으로 성공하고 말 거야."라는 결심을 했다고 한다. 그리고 날마다 "나는 백만장자가 될 수 있다. 나는 백만장자다!"라고 외쳤다고 한다. 그의 바람대로 백만 달러의 판매 기록을 올린 세일즈맨으로 대성공하고 백만장자 되었다.

인생을 가치 있게 만들고 싶으면 '나는 잘 될 사람'이라는 것을 믿어야 한다. 성공한 자신을 상상하고, 간절하게 소망해야 한다. 그리고 하나의 일들도 시도할 때는 긍정적인 성과를 거둘 것이라는 믿음이 있어야 한다. 이는 자신에게 주는 메시지로 책임과 믿음이다. 목적이 있고, 목적을 이루기 위해 목표를 세운다고 하더라도 원하는 시기에 원하는 답을 얻기가 쉬운 것이 아니다. 그러나 '성공할 것이다.'라는 믿음이 확고하게 서 있으면 그에 맞춤식 행동이 나오게 된다. 성공으로 가는 과정에서 어려움을 만났을 때도 회피하거나 도망가기보다는 당당하게 마주할 수 있는 담대함이 생기게 되어 결국 성공하게 된다.

맨스필드는 이런 말을 했다. "인생은 평화와 행복만으로 지속될 수 없다. 고통과 노력이 필요하다. 고통을 두려워하지 말고 슬퍼하지 말라. 참고 인내하면서 노력해 가는 것이 인생이다. 희망은 언제나 고통의 언덕 너머에서 기다린다." 누구나 꿈이 있다. 꿈의 첫 출발은 꿈을 꾸는 것이다. 자신이 원하는 꿈을 이루고 싶으면 아무것도 따지지 말고, 자신에게 믿음을 주어야 한다. 내가 정한 한계까지는 모두 해 낼 수 있는 실력이 나온다. 그러므로 시작을 두려워하지 말고, 먼저 행동으로 옮기고, 기다려라. 믿음은 바라는 것의 실상이다.

09

한계는 자신이 만든 감옥이다

하늘은 나의 한계를 결정하지 않는다.
한계를 결정하는 것은 나 자신이다.

- T. F. Hodge -

'나는 40세 때 영정사진을 찍었다.'

아이들이 9살, 10살 때 나는 죽음을 준비해야 하는 고비를 맞았
다. 늘 기운이 없고 어지러웠다. 어디에 부딪힌 적도 없는데 피멍이
여기저기 들었고, 눈의 실핏줄도 자주 터졌다. 건강에 이상이 있을
것으로 짐작은 하고 있었다. 직장과 육아를 병행하느라 무척 힘들
었던 것이다. 아이들이 아주 어릴 때에는 돌보미 아주머니를 통해
도움을 받았고, 조금 큰 이후에는 사회보육시설과 유치원 그리고
학원을 이용해 양육하고 보호처로 삼았다. 그래도 부모가 해야 할

몫은 그대로 남아있다. 퇴근 후 아이들을 챙기느라 내 입에 밥 들어갈 시간적 여유조차 없었다. 일을 다 끝내 놓고 억지로 무엇이라도 먹으려 하면 이미 기진맥진해 목으로 넘어가지 않았다. 그렇게 10년을 살았다.

어느 날 아침밥을 먹다가 숟가락이 너무 무겁고 고통스러워 나도 모르게 눈물이 났다. 차일피일 미루어왔던 병원에 갔다. 검사결과 '백혈구 저하증'이라는 진단을 받았다. 백혈구 수가 정상이 아닌 것이다. 정상인의 혈액 속에는 백혈구 수가 5,000~1만(개/㎣)인데, 나는 2,900(개/㎣)의 수치가 나온 것이다. 담당 의사선생님은 백혈구 수치가 적다는 것은 면역체가 정상적이지 않기 때문에 병으로부터 취약하고, 기운이 없어 정상적인 활동을 할 수 없다고 했다. 그리고 지금의 상태는 백혈구 수치를 올리는 것도 중요하지만 수치가 내려가는지에 대한 관찰이 먼저라고 했다. 만약 수치가 계속 떨어지면 생명에 위협을 준다는 것이다. 백혈구 수치를 올리는 방법은 인위적인 방법은 없으며, 몸을 보하는 음식을 먹으며, 스트레스를 줄여서 수치가 오를 수 있는 환경을 만들어 주는 것이다. 현재 몸 상태를 보아서는 직장생활을 하기에 무리가 있으므로 휴직하고 몸 관리를 좀 해야 한다고 했다. 그러나 백혈구 수치가 쉽게 오르는 것이 아님을 강조했다. 백혈구 수치를 올리는 데에는 뾰족한 처방이 없다는 것이다. 당시에는 지금과 달리 백혈병은 불치의 병으로 바로 죽음을 각오해야 하는 큰 병이었다.

여고시절에 하이틴 영화를 많이 보았다. 학생들은 영화관을 드나들 수 없었지만 학생들이 볼 수 있는 하이틴 영화는 볼 수 있었다. 여자 주인공은 임예진, 남자 주인공은 이덕화와 전영록이 주로 맡았다. 이때 임예진이 출연하는 영화는 모두 다 보았다. 그중 1976년도에 개봉된 '소녀의 기도'라는 영화는 주인공 여고생(임예진)이 백혈병에 걸린 내용을 소재로 했다. 그 영화를 보고 난 후 백혈병은 불치병으로 결국 죽는다는 생각을 하고 있었다. 그로부터 20년 후 미국으로 입양된 성덕 바우만 군이 1995년 만성 골수 백혈병 진단을 받고 골수 이식해줄 사람을 찾는다는 '사연'이 방송을 탔다. 운 좋게 육군 병장으로 전역을 앞두고 있는 서한국씨와 골수가 정확히 일치했고, 그가 골수를 기증해 주었다. 모든 방송매체가 성덕 바우만 군의 인생 스토리와 서한국 씨의 골수 기증 선행을 다루었다. 당시만 해도 백혈병은 골수 이식을 받지 못하면 생명을 담보할 수 없는 불치의 병으로 여겼었다.

나는 백혈병 진단을 받고 주변 정리를 시작했다. 그중 최우선적으로 한 것은 100만 원이 넘는 큰돈을 들여 가족사진과 영정사진을 찍었다. 아이들은 너무 어려 무슨 영문인지도 모르고 가족사진을 찍는다니까 좋아했다. 그때 내가 낳은 천하보다 귀한 아이들이 다 크기도 전에 생을 마감해야 한다고 생각하니 마음이 무너졌다. 의사 선생님의 처방은 스트레스를 줄이는 것이 백혈구 수치를 올리는데 큰 도움이 된다고 했지만, 내 현실과는 거리가 먼 처방이었다. 내가 살아있는 한 가정생활, 아이들 양육, 직장생활 등으로부터 오는 스트레스는 분리될 수 없었다. 또 당장 생활비와 병원비 문제로 직장을 그만 둘 수 있는 형편이 아니라 휴직은 꿈도 꿀 수도 없었다. 누구나 죽는다. 나는 남들보다 조금 빨리 죽는 것뿐이라는 생각으로 나를 달래며 주변을 하나하나 정리했다.

의사 선생님이 시킨 대로 매월 혈액암센터에 가서 주기적으로 수치 검사를 했다. 기존에 가지고 있는 수치가 더 내려가는 것은 응급을 요하기 때문에 검사의 첫째 목적은 수치가 내려가는지에 대한 관찰이었다. 다행히 수치가 내려가지 않아서 한시름 놓기는 했다. 그러나 그것이 끝이 아니다. 일반인처럼 정상적인 활동을 하기 위해서는 일반인 정상수치 수준으로 올려놓아야 했다. 그러나 1년이 넘도록 수치의 변동은 없었다. 계속된 수치 검사에서 변화가 없자 생명에 대한 희망의 끈을 놓아버리고, 병원 내왕을 끊었다. 아이들이 어려서 내 몸에서 떨어지지 않았을 때에는 부모의 역할을 해줘야 하기 때문에 죽음에 대한 불안감이 컸으나 당시는 아이들이 어느 정도 컸기 때문에 죽음에 대해 불안감은 적었다. 그러나 내 생명이 끝나는 날이 언제일까? 하며, 중환자의 심정으로 하루하루를 보냈다.

스위스의 법학자이자 철학자인 칼 힐티는 병에 대해 이런 말을 했다. "병이 났으면 그 병은 육체의 병이지 마음의 병은 아니다. 성한 다리가 절룩거리면 그것은 어디까지나 다리에 생긴 고장이지 마음의 고장은 아닌 것이다. 이 한계를 분명히 안다면 마음의 평화를 지킬 수 있을 것이다. 병이 났다고 해서 마음의 건강까지 해치지 말아야 한다. 마음의 건강을 잃지 않으면, 육체의 건강도 빠르게 회복할 수 있다. 또 고통은 사람을 강하게 만든다. 그러나 고통으로 강해지지 못한 사람은 죽고 만다. 행복할 때는 우리가 고난을 어떻게 견딜 수 있는지 알지 못한다. 고난 속에서 비로소 우리는 자기 자신을 알게 된다." 또 H. 하이네도 "병은 신체의 장애라 할지라도 마음에 두지 않는 한, 의지의 장애는 아니다. 또한 마음의 병은 신체의 병보다도 위험하고 무서운 것이다. 마음을 평온하게, 영혼을 맑게, 신체를 쾌적하게 유지하자."고 말했다.

이들의 말처럼 육체의 병은 육체의 병일 뿐 마음의 병이 아니다. 그러나 육체에 병이 생기면 마음이 따라서 병이 난다. 또 마음의 병은 육체의 병이 되고, 육체의 병은 마음의 병이 된다. 육체의 병이거나, 마음의 병이거나 한번 병이 나면 육체와 마음을 분리하기 어렵다. 특히 큰 병일수록 마음과 육체의 분리가 더 어렵다. 나 역시 육체적 건강이 안 좋다는 진단을 받았지만, 내 스스로 심리적으로 위축되어 죽음을 기다리고 있었다. 백혈병이 반드시 죽음을 생각해야 하는 것은 아니지만, 위험한 병임은 틀림없다. 백혈병이 불치병이라는 인식이 각인되어 있어 '좋아질 것이다.'라는 강한 믿음이 생기지 않았다.

어느 날 문득 정신을 좀 차리고 보니 '살고 싶다.'는 마음이 들었다. 그때 '아이들도 어리고 할 일도 많은데 지금 내가 지금 뭐하고 있지.'라는 생각이 들면서 정신을 차렸다. 삶은 정말 마음먹기에 달린 것이다. 마음을 바꿔 먹었더니 정상인인 것처럼 생활을 할 수 있었다. 혹시나 하는 마음에 1년 동안 끊었던 검사를 받으러 병원에 갔다. 검사 결과 수치가 2,900개에서 3,400개로 기적같이 올라가 있었다. 정상수치는 아니지만 위험 범위는 벗어난 것이다. 지금도 이 수치에 머물러 있다. 그러나 내가 하고 싶은 일을 할 때에는 힘든 줄 모르고 하지만, 의무감으로 해야 하는 일에는 피로감을 빨리 느낀다. 여기서 정상수치로 더 올릴 수 있는 방법은 검사 수치의 개념 자체를 잊어버리는 것이었다.

'죽음'이라는 한계를 해제한 것이 오히려 건강을 조금이나마 회복할 수 있었던 것이다. 그때 죽음을 기다리던 어리석은 행동을 끝내지 않았다면, 지금의 나는 없었을 것이다. 육체를 지배하는 것은 마음이고, 마음을 지배하는 것은 육체이다. 그러므로 육체나 마음 중 하나가 건강하면 환자로 살지 않아도 된다. 자신의 한계를 정하는 것은 바로 자신이다. 비단 건강뿐만 아니라 일상생활 중에서도 한계를 만들면, 그 한계까지 밖에 도달하지 못한다. 자신이 정한 한계점은 자신의 인생을 성장시키는 것이지, 스스로 자신의 발목을 잡는 족쇄가 되어서는 안 된다. 인간이 할 수 있는 일은 무한대이다. 잠재되어 있는 힘을 찾아 써야 한다. 자신을 작게 생각하고 한계를 정하지 마라. 한계는 자신이 만든 감옥이다.

제4장

자신감으로
목표를 세워라

01

자신감으로 목표를 세워라

오늘과 모든 날을 위해 당신의 일을 계획하라.
그런 다음 오늘과 모든 날에 당신의 계획을 실행에 옮겨라.

– 노먼 빈센트 필 –

　자기 자신을 믿자! 스스로 자기 자신을 믿어야 한다. 내가 나를 믿어주지 않는다면, 남들은 더욱더 나를 신뢰하지 않는다. 나는 어떤 것도 해낼 수 있는 사람이며, 남들이 시도하지 않는 것에 도전할 수 있는 사람이라는 사실을 믿어야 한다. 그러나 정작 자기 자신에 대해 그렇게 생각하지 않는 것이 문제이다. 그래서 늘 하던 일만 하고, 새로운 일과 어려운 일에 대해서 망설이게 되는 것이다. 자신이 진정으로 얻고자 하는 것이 있다면 조건을 따지지 말고 도전해야 한다. 도전도 자신감이 있을 때와 의무감으로 할 때 결과는 서로 다르다. 세상은 밭이고 나는 농부이므로 자신감이 없을 이유가 없다. 자신감은 마음에서 생기는 것으로 자신을 신뢰할 때 생기는 것이다. 내 손이 효자라는 말이 있듯이 남보다 내가 내일을 가장 잘하는 사람이다.

원효대사가 당나라 유학길 동굴서 하룻밤을 묵을 때 물을 먹고 갈증을 해소했다. 아침에 일어나 보니 밤에 먹었던 물은 해골에 담겨있던 물이었다. 그 물을 마실 때에는 시원함을 느꼈지만, 해골의 물을 마셨다는 것을 알고 난 후에는 구역질이 났다. 원효대사는 '내 마음이 나를 속이는 것이다.'라며 일체유심조(一體唯心造)의 진리를 깨달았다고 한다. 일체유심조란 '마음이 모든 것을 지어낸다'는 뜻이다. 서양에도 이와 유사한 뜻을 가진 플라시보효과(Placebo Effect)가 있다. 플라시보효과는 마음을 이용해 치료하는 방법이다. 말기 암 환자에게 강한 진통제를 투약해도 심한 고통을 호소했으나, 전혀 진통 효과가 없는 주사약으로 환자에게 "이 약은 정말 진통 효과가 센 약으로 지금껏 한 번도 맞은 적 없는 강력한 진통제입니다."라고 한 후 주사를 놓아 주었을 때 환자는 일시적으로나 통증을 잊었다는 연구에서 나온 용어이다. 이처럼 어떻게 마음먹느냐에 따라 현상을 다르게 느낄 수 있는 것이다. 세상은 있는 대로 보는 것이 아니라, 내가 보는 대로 있는 것이다. 그러므로 모든 일은 마음이 정하는 것이다. 어떤 것도 '내가 할 수 있다.'고 생각하면 그 일은 성공할 수 있다.

나는 올해 상반기 중에 내 책을 출판하는 것을 목표로 삼았다.

지금 집필하고 있는 책의 출판에 앞서 워밍업으로《나의 드림 리스트》를 하나 집필하였다. 출판 직전 사정이 생겨 일시적으로 보류했다. 그러나 곧바로《성공하는 행동법칙》을 쓴 것이다. 처음 책을 쓰기로 생각 했을 때에는 책 쓰기에 대한 기초가 없었다. 책 쓰기에 대해 인터넷에서 검색을 하고 작가가 운영하는 책 쓰기 특강을 한차례 공부를 한 후 셀프로 책을 쓰는 셈이다. 여느 작가들도 태어날 때부터 글을 잘 썼던 사람은 없다. 자기 책을 내기 위해 수십 번 고쳐쓰기의 힘든 과정을 거쳐 작가가 된 사람도 있고, 처음부터 준비를 잘한 후 작가의 꿈을 가지고 책을 썼던 사람도 있을 것이다. 그러나 목적이 서로 다를 뿐이지 결국은 작가로 거듭나는 것이다. 작가가 된 사람은 첫 번째 내는 책과 두 번째 내는 책은 내용의 질이 다를 것이다. 누구라도 첫 책은 있는 법이다. 첫 책을 쓸 때 너무 많은 욕심을 내는 것은 금물이다. 욕심은 자신감을 가로막는 장막이다. 장막을 거두면 바로 누구나 책을 쓸 수 있다. 자신감이 있다는 것은 특정 분야의 전문성이 주는 것이기도 하지만, 어떤 일을 착수했다는 것, 그 자체이기도 하다. 첫 출발에서 긴장된 마음이 있더라도 욕심을 버리면 일을 착수할 수 있다.

자신감은 어떤 문제를 해결하는데 있어서 천하무적의 힘이 된다. 출발에서도 그렇고, 진행과정에서도 마찬가지다. 특히 새로운 일에 두려워하지 않는 것이 중요하다. 누구나 결과가 나오기 전까지는 다 해낼 수 있는 일이다. 설사 결과에서 원치 않은 답을 얻을 수 있다. 그때 그 일이 미숙한 것을 인정하면 된다. 미리부터 못해

낼 것이라는 답을 내 놓은 것은 자신에 대한 월권이자 권리 포기이다. 신은 문제를 통해 인간을 성장시키기 때문에 자신의 한계를 조금만 높이면 누구나 다 풀 수 있는 문제이다. 다만 어떤 일 앞에서 실행하는 사람과 실행하지 않는 사람으로 나누어 질뿐, 할 수 있는 사람과 할 수 없는 사람으로 나누어지는 것은 아니다. 그러므로 자신이 원하는 꿈이 있다면 무조건 실행해야 한다.

"당신 앞에는 어떠한 장애물도 없다. 망설이는 태도가 가장 큰 장애물이다. 결심을 하면 길이 열리고 현실은 새로운 국면으로 접어든다."고 영국 철학자 러셀은 말했다. 그의 말처럼 머뭇거릴 때 귀중한 시간은 달아난다. 일단 시작해 놓고 그때 내가 해 낼 수 있는 일인지 따져보아도 늦지 않다. 자신에게 큰 재능은 자신이 어떤 일도 해낼 수 있다는 것을 알아차리는 것이다. 미리부터 스스로 자신감이 없는 사람으로 규정짓는 실수를 범하는 것은 어리석은 사람이 하는 행동이다. 어떤 일을 하고자 할 때 목표를 세운다. 목표를 세울 때에도 7개의 원칙은 자신감 있게 기반으로 세워야 한다.

첫째, 데드라인을 설정하라.

데드라인이 있을 때와 없을 때 차이는 엄청나다. 목표 달성을 위해서는 최종 마무리 기한을 분명하게 정해야 한다. 기한을 정하지 않거나 어설프게 정해 놓으면 당장 오늘까지인지, 죽기 전까지인지 그 기준이 애매해진다. 그리고 데드라인을 설정할 때에는 최대한 타이트하게 정해야 한다. 그래야 원하는 기한에 맞춰서 목표를 달성할 수 있다.

둘째, 목표를 공개하라.

사람들은 공개된 것에 신뢰를 갖는다. 그렇기 때문에 목표를 세우고 나면 공개를 해야 한다. 누구나 자신이 신뢰 있는 사람이 되고 싶어 한다. 공개를 했을 때와 그렇지 않았을 때의 마음가짐은 확연히 다르다. 공개를 하고 나면 자신이 한 말에 대하여 책임을 지려고 한다. 이처럼 공개는 자기통제 및 자기 압박의 효과도 있어 결국 목표를 달성하게 한다.

셋째, 계획은 숫자로 하라.

'열심히, 최선을, 열정적으로' 라는 말로는 양을 측정하기 어렵다. 계획과 성과는 객관적으로 판단할 수 있도록 계량화해야 한다. 예를 들어 100이란 숫자에 도달해야 하는 경우, 성과의 값이 80까지 도달했다면 20만큼만 더 채우면 된다. 그러나 숫자로 표기하지 않았을 때 얼마만큼 성과를 올렸고, 또 얼마를 더 채워야 하는지 모른다. 그 척도를 분명하게 알기 위해서라도 계획은 숫자로 표기해야 한다.

넷째, 시간을 지배하라.

찰나와 순간이 모여서 자기의 인생이 된다. 특히 작은 시간을 잘 관리해야 성공할 수 있다. 성공한 사람들을 보면 자투리 시간과 무의미하게 흘러가는 작은 시간을 잘 활용한다. 낙숫물이 바위를 뚫듯 작은 것이 큰 결과를 낸다. 시간은 생산과 동시에 사라진다. 시간은 저축을 할 수 없기 때문에 그때그때 계획적으로 잘 활용하지 않으면 그 시간을 놓치게 된다.

다섯째, 계획을 기록하라.

인간은 하루에도 오만가지 생각을 한다. 그러나 그 많은 생각들을 다 기억하기 어렵다. 만약 기록을 해 둔다면 다음에 필요할 때 꺼내 쓸 수 있다. 성공한 사람들의 노하우는 기록하는 데 있다. 기록은 시각화하는 효과가 있다. 귀로 듣는 청각의 효과 보다 눈으로 보는 시각적인 효과가 더 크다. 기록한 메시지를 더 오래 기억하게 하고, 눈으로 본 메시지의 방향대로 행동이 전진하게 된다.

여섯째, 습관을 만들어라.

어떤 일을 할 때 처음 하는 일, 단조로운 일은 어렵거나 지루해 흥미를 잃는다. 이럴 때 습관이 붙어있으면, 내가 의도하지 않아도 몸이 기억하고 있어 스스로 행동을 한다. 하루하루 일건마다 의식하고 새로 시작하게 되면 일의 효율성도 떨어지고, 몸이 힘이 든다. 그러나 하고자 하는 일에 습관을 들여놓으면 크게 힘들이지 않고 그 일을 쉽게 해낼 수가 있다.

일곱째, 사명감을 가져라.

사람은 태어날 때 자신의 인생과 후 세대를 발전시켜야 하는 사명감을 가지고 태어난다. 일도 이와 마찬가지로 일마다 생명을 불어넣듯 사명감이 있어야 해 낸다. 팀에서 한 명에게 팀장이라는 완장을 채워주면 업무가 어렵고 힘들어도 어떻게 해서라도 팀을 이끌어 간다. 이처럼 자신에게 책임과 사명감이 있을 때는 일을 대하는 태도부터 달라진다. 또 자신의 일탈을 막는 효과도 있다.

《성공 시크릿》의 저자 폴 J. 마이어는 "내 성공의 75%는 목표 설정에서 비롯되었다."고 했고, 조영탁의 행복한경영이야기에 실린 린 데이비스도 "목표는 주의를 집중하는 것이다. 인간의 의식은 분명한 목적을 갖기 전에는 목표를 향해 움직이지 않는다. 목표를 설정할 때 성공은 이미 시작되는 것이다. 목표를 설정하는 순간 스위치가 켜지고, 물이 흐르기 시작하며 성취하려는 힘이 현실화되는 것이다."라고 했다. 성공의 비밀은 목표를 설정할 때 이미 시작된 것이다. 목표 설정은 성공의 전주곡이다. 그러므로 목표 설정이 성공을 가져다주듯 목표 설정을 세울 때 자신감으로 세워야 한다.

02

데드라인은 타이트하게 잡아라

기한을 정하라. 당장 이루기 힘든 목표라면
작게 쪼개서 쪼개진 목표에 각기 다른 기한을 정하라.

- 브라이언 트레이시 -

학교 공부의 끝은 박사과정이다. 나는 나이가 들어 공부를 다시 시작했다. 일단 공부를 다시 시작하자 뭐에 홀린듯 배움의 마력에 빠져 박사과정까지 단숨에 마쳤다. 일반적으로 공부를 좋아하는 사람은 많지 않다. 간혹 공부가 가장 재미있다고 말하는 사람도 있지만, 그 말을 어디까지 믿어야 하나 하는 의구심이 든다. 그런데 요즘은 내가 그런 의심의 대상이 된 것이다. 사람들은 늘 하던 일이 편하고, 그 일에 대한 기술력도 뛰어난다. 공부도 마찬가지이다. 의무적으로 해야 하는 공부가 아닌 호기심과 필요에 의해 하는 공부는 재미가 있고 즐기게 된다. 지금 나에게 가장 쉬운 일은 공부하는 것이다.

처음 공부를 시작할 때 박사과정까지 하려고 했던 것은 아니다. 배움이 더해지면서 나의 부족함을 스스로 깨닫게 되었고, 이를 채우고자 공부를 계속하게 되었다. 박사과정 수업은 토요일과 일요일에 하기도 하지만, 원칙적으로 주간에 개설되어있다. 그래서 박사공부를 하고 싶어도 직장이 있는 사람은 마음먹기가 쉽지 않다. 학교를 다니게 되면 직장의 업무에 직·간접적으로 영향을 미칠 수 있기 때문에 그렇다. 그래서 학교를 다니게 된다면 직장에 눈치를 보아야 한다. 그런 고충을 감내할 용기가 있어야 공부를 시작 할 수 있다. 나는 박사과정을 선택했고, 그 반대쪽을 과감하게 버렸다.

사람들은 누군가를 만나면 자기소개를 하게 된다. 자신을 축약한 소개장이 명함이다. 명함을 받아보면 '박사' 또는 '박사과정'으로 표기된 것을 본다. 전자는 연구논문을 썼다는 것이고, 후자는 연구논문 없이 과정을 마쳤다는 것이다. 다시 말하면 후자의 경우는 본 과정을 마치고 졸업시험을 통과해 3년 만에 졸업한 것인 반면, 전자의 경우는 연구논문을 쓰고 심사에 통과한 것이다. 보통 박사학위 취득을 '5년 만에 했다.'는 말을 많이 들어보았을 것이다. 이로 미루어 보아 3년 만에 학위 취득이 어렵다는 뜻이기도 하다.

《겟 스마트》의 저자 브라이언 트레이시는 "기한 없는 목표는 탁상공론이다. 기한이 없으면 일을 진행시켜주는 에너지도 발생하지 않는다. 당신의 삶을 불발탄으로 만들지 않으려면 분명한 기한을 정하라. 기한을 정하지 않은 목표는 총알 없는 총이다."라고 했다. 그는 무일푼으로 성공한 전형적인 자수성가형 백만장자다. 불우한 가정에서 태어나 성장 과정에서도 문제아 취급을 받으며 자랐고, 학교도 고등학교를 중퇴했다. 그는 첫 직장인 호텔 주방에서 접시를 닦는 일을 했다. 이후에도 목재소, 주유소, 주차장 등에서 일을 했다. 하지만 그는 현재 연간 매출이 3천만 달러인 인력 계발 회사 '브라이언 트레이시 인터내셔널'의 CEO이자 세계적인 비즈니스 컨설턴트로, 전문 연설가로 활동하고 있다.

브라이언 트레이시는 기한이 없는 목표는 탄알이 장전되지 않은 빈총이라 할 정도로 중요하게 생각했다. 그만큼 목표달성은 데드라인이 중요하다는 것이다. 데드라인이 정해진다고 누구나 목표를 이룰 수 있다는 보장은 없지만, 기한을 정해두면 기한에 맞춰서 해내고자 하는 최선의 노력을 한다. 목표 달성이라는 것은 일상의 노력으로 해낼 수 없는 것을 달성하는 것이다. 그래서 의식과 의식을 초월한 무의식의 세계와 초의식의 세계까지 자극했을 때 목표달성을 할 수 있다. 즉, 정신과 육체, 보이지 않는 무의식으로 존재하는 자신을 총동원해야 한다는 뜻이다. 이때 목표점에 대한 데드라인은 분명하게 정해져 있어야 한다.

나는 박사학위 취득을 최단기간인 3년으로 못 박아 놓았다. 직장인으로 시간을 무한정 낼 수 없는 상황이었기 때문에 내 사전엔 3년을 넘긴다는 것은 상상도 할 수 없는 일이다. 그러나 학교와 지도 교수의 사정은 나의 단기 데드라인에 우호적이지 않았다. 사람은 간절함이 있으면 마음속에 늘 잠재되어 있다. 데드라인은 그 마음을 한 번 더 다지는 것이다. 어려움이 생기면 기도하게 된다. 기도라고 하면 종교적 의미가 먼저 떠오르긴 하겠지만, 사실 따지고 보면 자신에게 다짐을 시키고, 세상의 강한 에너지를 향해 구원을 요청하는 일이다. 나도 내가 정해 놓은 데드라인에 맞춰 학위를 취득할 수 있도록 기도의 무기를 사용했다.

'간절히 원하면 이루진다.'는 말처럼, 논문 쓰는 학기를 맞아 갑자기 지도교수가 개인적 사정으로 교직을 그만두었고, 그 자리에 새 지도교수가 부임해 왔다. 이 분은 미국에서 공부를 하고 한국에 들어온 지 오래되지 않아 정서가 아메리칸 스타일이었다. 법이나 규정을 준수하되, 학교 관행이나, 선배 교수 등으로부터는 자유로웠다. 지도교수가 연구자에게 요구하는 것은 '논문만 잘 쓰면 된다.'는 것이 전부였다. 내 환경에 딱 맞는 맞춤식 지도 교수를 만난 것이다. 이로 인해 나는 내가 정한 데드라인에 맞춰 박사학위를 취득했다. 만약 데드라인을 최단기인 3년으로 정하지 않고, 외부 조건에 끌려다녔다면, 나의 열악한 환경에 묻혀 학위 취득은 물 건너갔을 지도 모른다.

이민규의 저서 《1%만 바꿔도 인생은 달라진다》에 데드라인과 관련해 노스코트 파킨슨이 연구한 '파킨슨의 법칙'을 소개했다. 파킨슨의 법칙에서 밝힌 결과는 "데드라인의 기한을 넉넉하게 잡는다고 해서 좋은 성과를 내는 것이 아니라, 약간 타이트하게 기한을 잡는 것이 효율적이다."라는 것이다. 이 말은 데드라인을 길게 잡는다고 해서 성공하는 것이 아니라 약간 타이트하게 잡는 것이 좋다는 것이다.

　목표에 대한 데드라인 설정도 중요하지만, 데드라인을 어느 정도 기간을 줄 것인지 그것도 중요하다. 데드라인을 넉넉하게 잡아놓으면 몰입도가 떨어져 평상의 일로 전환된다. 그렇게 되면 목표 달성의 때는 점점 멀어진다. 우리가 공부를 할 때도 하루 종일 공부하는 것보다, 몰입해서 3, 4시간 하는 것이 훨씬 효과적인 것과 같은 이치다. 또 몰입을 하게 되면 하는 일에 푹 빠져 주변 소리에 귀를 닫고 일에만 집중하게 된다. 이때 재미와 즐거움이 동반된다. 데드라인을 정하는 것은 특정 목표에만 적용되는 것은 아니다. 우리 일상생활에서도 매사에 데드라인이 있지만, 당장 큰 영향을 받지 않기 때문에 인식하지 못할 뿐이다. 이때도 데드라인을 인식하고, 이를 타이트하게 잡는다면 잡념을 없앨 수 있고, 조기에 목표 달성을 할 수 있다.

　인간에게 타고난 재능이 있다고 하더라도, 그것은 그리 중요하지 않다. 삶에 있어 어떤 일을 해내고자 할 때 직접 행동으로 옮기는 것이 중요하다. 행동에 작전을 붙이면 최소 노력으로 최대 결과를 얻을 수 있다. '작전'의 한 방법 중 하나가 데드라인 설정이다. 데드라인은 사람을 움직이는데 중요한 역할을 하고, 일을 대하는 태도가 달라지게 한다. 목표 달성을 위해 행동할 때 대충하는 사람, 열심히 하는 사람, 최선을 다하는 사람, 혼을 다해 온몸을 던지는 사람 각양각색이다. 일을 착수하고 포기하지 않는 한 마지막에는 결과물을 반드시 얻는다. 이때도 데드라인 설정을 하고 이를 타이트하게 잡아 놓는다면 어떤 모습으로 일을 하든지, 결국은 그날에 끝을 내게 된다.

사람은 자기 스스로 자신의 인생을 만들어가는 존재이다. 삶이 유지되는 한 누구나 일상의 문이 열리고, 목표를 향해 선택은 시작된다. 이때 내가 원하는 목표를 효율적으로 달성하기 위해서는 데드라인을 정하고, 이를 타이트하게 잡아야 한다. 인생은 타이밍이라 했다. 내가 계획한 때에 결과를 얻을 수 있어야 인생에 업그레이드가 된다. 일상의 작은 일에도 마찬가지이다. 데드라인 설정은 절실함과 간절함, 그리고 긴장감이 있어야 최상의 행동으로 유도된다. 멋진 인생의 주인공이 되기 위해서는 성공이라는 선물을 받아야 한다. 성공은 목표 달성에 있다. 목표 달성은 데드라인 설정이고, 이를 최대한 타이트하게 설정해야 하는 것이다.

03

목표달성은 공개의 힘을 이용하라

승자는 책임을 지는 태도로 살지만,
패자는 약속을 남발하며 삶을 허비한다.

- J. 하비스 -

미국의 심리학자 스티븐 헤이스와 모튼 도이치의 '공개 선언 효과'에 대한 연구이다.

● 헤이스 연구팀 <심리학자 스티븐 헤이스>
대학생을 대상으로 한 목표 점수 공개 여부에 대한 연구

A 집단 : 자기가 받고 싶은 목표 점수를 다른 학생들에게 공개하도록 했다.
B 집단 : 목표 점수를 마음 속으로만 생각하게 했다.
C 집단 : 목표 점수에 대한 어떤 요구도 하지 않았다.

연구결과, 자기의 결심을 공개한 A 집단은 B 집단이나 C 집단보다 현저하게 높은 점수를 받았다. 자기 결심을 마음속으로만 간직한 B 집단은 결심을 하지 않은 C 집단과 통계적인 차이가 없었다.

◉ 도이치 연구팀 <심리학자 모튼 도이치>
학생들에게 직선을 보여주면서 길이를 추정하게 했다.

A 집단 : 추정치를 종이에 적어 제출하게 했다.
B 집단 : 추정 결과를 화이트보드에 적은 다음, 남들이 보기 전에 지우게
 했다.
C 집단 : 마음 속으로만 생각하게 했다.

그런 다음 실험자는 모든 참가자들에게 추정치가 잘못됐다고 말해주면서, 학생들의 태도가 어떻게 달라지는지 확인했다.

연구결과, 추정치를 마음속으로만 간직했던 집단은 주저하지 않고 자기의 생각을 수정한 반면, 추정치를 글로 써서 사람들에게 공개했던 집단은 자기 생각을 끝까지 고수했다.

헤이스 연구팀을 통해 나타난 결과는 자기 결심을 공개한 A 집단이 점수를 현저하게 높게 받았다는 것이다. 이는 자기 결심을 공개하고 나면 내부적으로는 최선의 노력을 하도록 하고, 외부적으로는 신뢰를 잃지 않도록 자기관리를 하게 됨으로써 좋은 결과가 나온다는 것이다. **도이치 연구팀**을 통해 나타난 결과는 자기 결심을 공

개한 A 집단은 처음 자기 결심을 수정하지 않는 것으로 나타났다. 이는 한번 결심을 하게 되면 그 결심이 외부의 조건에 의해 쉽게 수정되지 않는 것으로 나온 것이다. 연구 결과의 공통점은, 자기결심을 공개 한 후에는 자기 결심을 끝까지 지키려고 하는 결과가 나온 것이다. 자기 결심을 말이나 글로 공개하고 나면, 공개하지 않았을 때 보다 자기관리를 잘하게 되고, 자기신뢰를 위해 말과 행동을 일치시키려는 심리가 있는 것으로 나타난 것이다. 그러므로 목표를 달성하기 위해서는 결심을 번복하지 않도록 공개하는 것이 효과적이다. 특히 번복할 가능성이 높은 것일수록 더욱더 많은 사람에게 공개를 하는 것이 좋다. 공개는 신뢰와 불신 양날의 칼과 같은 기능이 숨어 있다. 사람들은 대부분 자신이 신뢰 있는 사람이고 싶어 한다. 그래서 자기 결심이 공개되고 나면 공개된 사실과 일치시키려고 최선을 다하게 된다.

성공의 재료로 신뢰를 무시할 수 없다. 신뢰는 말과 행동이 잣대가 되기도 한다. 그렇지만 자신이 한 말과 행동에 책임지기란 쉽지 않다. 성공은 자신의 노력한 대가로 얻어지는 것이라고 생각하겠지만, 주변 사람이나 환경의 영향도 무시할 수 없다. 타인의 도움은 신뢰에서 나온다. 신뢰 있는 사람은 자신과의 약속도 타인과의 약속도 잘 지킨다. 이 시대는 신용사회다. 자기 지갑에 돈이 없어도 신용으로 내준 카드 한 장만 들고나가면 돈을 직접 주지 않아도 물건을 구입할 수 있다. 신용은 자기신뢰, 남이 주는 신뢰, 사회가 주는 신뢰 이 모두를 합친 것이다. 이중에서 가장 강력한 힘을 가진 것은 자기신뢰이다. 자기신뢰가 무너지면 나머지 신뢰는 함께 무너진다. 그러므로 자기관리 없이는 신용을 얻기가 어렵다. 인생에 독불장군은 없다. 함께 살아야 하는 사회에서 신용은 생명의 가치만큼이나 중요하다. '공기 없이는 살아도 신용 없이는 살 수 없다.'라는 말이 결코 빈말이 아닌 것이 지금의 시대다.

유학생은 학교에 정기적으로 잔고 증명서를 제출해야 한다. 학교 측에서 1년에 한번 유학생의 학비와 생활비가 있는지 확인하는 방법으로 잔고 증명서를 요구한다. 잔고증명은 단어 그대로 증명서를 발급받는 시점에 현금 보유 상태이다. 그러므로 잔고 증명서를 발급받을 당시에 일정 금액이 은행에 저금이 되어 있어야 한다. 잔고증명서를 발급받는다는 것은 경제적 사정이 좋은 사람은 문제가 되지 않지만, 그렇지 않은 사람에겐 곤혹스러운 일이다. 우리 아이들은 유학 첫 출발을 자기들이 용돈을 모아 두었던 돈으로 출발할 정도로 경제적 여유가 없는 상태였기 때문에 통장에 잔고가 없는 것은 빤한 일이다. 현지에서 공부를 계속하려면 잔고증명은 필수사항이다. 일시적으로 돈을 빌려서라도 잔고 증명서는 만들어 내야 한다. 신용이 아무리 좋아도 돈을 빌리기는 쉽지 않다. 그러나 아이들이 졸업할 때까지 잔고증명을 잘 해 냈다.

간절히 원하고, 행동으로 옮기면 현실이 된다는 것을 믿고 있는 나도 잔고증명 시즌이 다가오면 돈을 마련할 생각에 숨이 턱턱 막혔다. 아무리 어려워도 내가 해야 할 책임이기 때문에 항상 긍정적인 생각으로 생활하려고 노력한다. 잔고 증명 기한이 되면 '어떤 것도 시간만 되면 해결은 된다.'는 생각은 어느 순간 불안과 초조함으로 변했다. 이럴 때 내가 알고 지내던 지인들 얼굴을 한 명 한 명 떠올려 본다. '잔고 증명을 받고 돌려드릴 테니 돈 좀 빌려주세요.'라고 말을 해 볼까 하는 생각을 했다가도 상대에게 부담을 주는 것이기 때문에 적극적으로 말해보지 못한다. 돈이란 자기 호주머니에서 나가는 순간 되돌아온다는 보장이 없다. 그래서 대부분의 사람들은 누가 부탁하거나 사정한다고 해서 쉽게 호주머니를 열지 않는다. 그러나 세상일은 하나의 생각과 하나의 답만이 있는 것은 아니다. 신뢰가 있다고 판단되면 호주머니를 스스로 여는 사람도 있다.

여러 번의 잔고증명을 수월하게 해 낼 수 있었던 것은 나에 대한 신뢰가 있었기 때문이었다. 내가 만나던 모임의 사람들과 주변 지인들이 대부분 해결 해주었다. 나의 고충을 들어줄 수 있었던 것은 그들이 남을 사랑하는 따뜻한 마음이 있었고, 여기에 나에 대한 신뢰가 보태어진 것이다. 나에 대한 신뢰는 언행일치 등 평소 나의 민낯까지 다 본 사람들이다. 자식을 둔 엄마의 힘은 무한대이다. 부모는 자기의 목숨을 바꾸는 한이 있더라도 자식을 위한 일은 해 낸다. 자신을 위해 자존심을 버리기는 쉽지 않지만, 자식을 위해 고개를 숙이는 것은 쉽게 할 수 있다. 신용사회를 사는 이 시대에는 신뢰가 최우선이다. 사회생활에서 신뢰 있는 사람이 되기 위해서는 평상시 자기관리를 잘해야 한다. 신뢰는 자신이 만드는 것이 아니다. 남들이 '너 참 사회생활을 잘하는구나.'라며 주는 훈장이다. 지금의 시대는 본인 의사와 상관없이 관찰당하고 있다. 그렇기 때문에 평상시 자기관리를 잘해야만 신용이 있는 사람이 된다.

세상에서 마음을 가장 쉽게 움직일 수 있는 대상은 자기 자신이며, 또한 가장 움직이기 어려운 대상도 자기 자신이다. 자기 결심을 공개하고 나면 공개된 말이나 글에 대해 책임을 지기 위해 최선의 노력을 하게 되고, 또 자기 관리를 위해 자기통제를 잘하게 된다. 신뢰가 자본인 지금의 사회에서 사람들은 누구나 신뢰 있는 사람이고 싶어 한다. 자본이 튼튼하면 어떤 일을 할 때 자신감이 생기게 된다. 사람은 삶을 영위하면서 자신의 욕구만족을 위해 시간을 많이 투자한다. 하나를 얻기 위해서는 목표를 달성해야 한다. 그러나 목표를 쉽게 달성하기 어렵다. 자신이 도달하기 힘든 것에 욕구 충동이 있기 때문이다.

목표를 세우면 자기 결심을 공개하는 것이 좋다. 목표 도달을 위해 자기 결심을 공개해서 자신을 압박해야 한다. 목표치가 높을수록 더욱더 자기 결심을 공개해야 한다. 사람들은 공개된 것에 대한 믿음이 있다. 믿음이 있는 사람에게는 지원을 아끼지 않는다. 상대가 주는 믿음에 부응하는 방법은, 오로지 공개한 말이나 글을 이행하는 것뿐이다. 그러므로 목표 달성을 위해서는 공개의 힘을 활용해야 한다.

04

계획은 반드시 숫자로 표기하라

가능하다고 생각하는 것보다
더 많은 것을 할 수 있는 인간은 없다.

- 헨리 포드 -

인류 문명의 가장 위대한 발명 중 하나는 문자 발명이다. 문자 발명이 있었기에 인류의 역사를 알 수 있는 것이다. 문자 중 숫자는 또 다른 문자이다. 오늘날 우리가 사용하고 있는 숫자를 아라비아 숫자라 한다. 원시 인류는 수를 셀 때 손가락이나 눈, 코, 입, 귀 등 우리 몸의 일부를 이용했다. 아라비아 숫자는 4세기 무렵 인도인들이 기본수를 10으로 하고, 0부터 9까지 사용하여 위치에 따라 값이 다르도록 하는 위치 기수법에 사용했다. 인도에서 처음 사용한 숫자를 아라비아 상인들이 유럽 사람들과 무역할 때 사용하였고, 유럽인들은 이를 '아라비아 숫자'라고 불렀다. 이후 아라비아 숫자가 세계 각국으로 전파되어 사용되고 있다. 아라비아 숫자는 세계적 단일화된 국제단위계로도 사용한다.

아라비아 숫자를 널리 사용하는 이유는 계산의 편리함 때문이다. '숫자'는 수(數)를 나타내는 기호이고, '수(數)'는 사물을 세거나 헤아리는 양 또는 크기나 순서를 나타내는 것이다. 수를 이용하면 1개, 2분, 3회, 5kg 등 크기와 양의 경계를 분명하게 구분할 수 있지만, 수를 활용하지 않으면 조금, 많이, 크게, 작게 등의 표기밖에 할 수 없다. 크기와 양의 경계가 불분명해지는 것이다. 수는 크기나 양을 쉽게 인식하도록 해주기 때문에 객관적이고 신뢰성이 있다. 수의 개념은 우리 생활에 편리함을 주기 때문에 생활 전반에 걸쳐 사용한다. 특히 수는 정확성을 요하는 금전이나 예산 또는 통계자료 등을 표시하는데 필수 불가결한 기호이다.

꿈을 꾸고 목표를 이루기 위해서는 계획을 세워야 한다. 계획은 숫자로 표기해서 세워야 그 목표량을 알 수 있다. 목표 달성을 위해 얼마만큼 노력의 양이 필요한지 이룬 성과의 양은 얼마나 되었는지 분명한 기준이 되는 것이 숫자이다. 이처럼 기준을 숫자로 표기하게 되면 양의 정도가 분명하기 때문에 이견을 줄일 수 있다. 목표를 세울 때 '최선을 다하자!'는 것으로 표기를 하면 목표점에 도달했는지를 판단하기 어렵지만, 수의 개념으로 숫자로 표기를 하면 목표점에 도달 여부를 명확하게 판단할 수 있다.

나는 하루에 잠자는 시간을 제외하고는 대부분 책상 앞에 앉아 있는 시간이 많다. 하루에 필요한 운동량을 하지 않아 몸이 비균형적으로 비만해졌다. 운동을 해야 하겠다는 생각은 늘 마음속에 잠재해 있었지만, 일상생활의 순위에서 밀려 운동을 하지 못했다. 가족여행 차 오랜만에 아이들을 만났을 때 아이들이 "엄마도 사회활동 하는 사람인데 몸 관리 좀 하세요."라는 말을 했다. 아이들에게 한소리 듣고 그때부터 운동을 시작했다. 운동을 시작했지만 항상할 일이 많은 사람이라 언제 그만둘지 모르는 상황이었다. 그래서 도중에 포기를 하지 않도록 내린 처방이 보디(body) 화보 촬영이다. 본래의 목표는 비만관리였으나, 이 목표를 달성하기 위해 계획 속에 계획을 하나 더 세운 것이다. 운동을 시작한 후 주변 사람들에게 '1년 후 보디 화보 촬영을 할 것이다.'라고 선포했다.

60세를 바라보는 나이에 주변인들에게 보디 화보 촬영을 한다고 했을 때 사람들은 그냥 해보는 소리라고 생각하고 건성으로 들었을 것이다. 보디 화보는 직업적인 모델이나, 연예인들이 하는 것이라는 선입감에 의해 내 말을 믿지 않았다. 운동을 시작하고 1년 만에 화보촬영도 하고, 목표도 달성했다. 운동을 하는 과정에 여러 번 운동을 접어야 할 사정이 생겼지만 사람들에게 화보 촬영을 한다고 말을 했던 것 때문에 도중에 그만두지 못했다. 화보 촬영이라는 작은 목표가 있어서 끝까지 완주하는 데 도움이 되었다. 목표를 달성하기 위해 하루의 운동량을 수의 개념을 적용했고, 하루 할당량을 해냈기 때문에 비만관리와 화보 촬영 두 개를 동시에 해낼 수 있었다.

운동을 직접해보니 운동을 해서 성공한 사람들을 높이 평가하게 되었다. 운동은 자기의 마음과 육체 간의 싸움으로 자기극복이다. 근육을 유연하게 만들기 위해서는 피나는 노력이 필요하다. 운동을 할 때 각종 운동 기구들을 많이 사용한다. 운동을 도와주는 트레이너가 있어도 자신이 운동을 해서 몸을 풀어야 하기 때문에 스스로 해내야 한다. 트레이너는 운동자의 신체조건과 데드라인을 기초로 어느 정도의 양을 운동하면 되는지 산출해서 하루의 운동량을 정한다. 정해진 운동량에 따라 다시 운동기구별 운동량이 정해진다. 운동기구별 목표량과 하루의 목표량을 해내야 최종 데드라인 안에 목표 달성을 할 수 있다. 운동을 하다 보면 힘이 들어 마음과 달리 몸이 잘 따라주지 않는다. 몸은 마음의 통제를 받는다. 그러나 몸이 힘들면 마음도 몸을 따라간다. 이럴 때 기구마다 횟수가 정해져 있어 그 횟수를 채우지 못했을 때 다른 기구를 먼저 운동을 하고 나머지를 더 채우면 된다. 즉, 100회가 정해진 양일 때　80회를 했다면 나머지 20회만 하면 된다. 이때 20회만 더하면 되기 때문에 힘을 내서 다시 20회를 한다.

　　목표를 데드라인에 맞춰서 해내기 위해서는 트레이너가 정해준 하루 운동량을 해내야만 가능하다. 아무리 힘들어도 그날그날 해야 하는 운동량을 다해야 한다. 운동을 할 때 운동 기구마다 수의 개념으로 정하지 않고, '열심히' 해야 한다고 했다면 운동량을 측정할 수가 없기 때문에 하루의 운동량을 해냈는지 또 얼마를 더 운동을 해야 하는지 알 수가 없다. 서울에서 부산까지 승용차로 갈 때 5

시간이 걸리는 것과, 서울에서 부산까지 기차로 갈 때 3시간이 걸리는 것에 대한 구분이 분명하다. 승용차로 5시간 걸리지만, 기차로는 3시간 걸리는 것을 바로 알 수 있다. 이는 숫자가 들어 있기 때문에 승용차와 기차 중 어느 것을 이용하면 효율적인지 답이 바로 나오는 것이다. 이처럼 숫자는 검증이 가능하기 때문에 분량을 인식해야 하는 기준에 사용하는데 편리하다. 그리고 숫자의 개념은 구구절절 설명도, 설득도 할 필요가 없다. 아주 단순하면서 정확한 답을 낼 수 있다.

사람과의 관계에서도 수의 개념은 의견을 줄일 수 있는 도구가 되기도 한다. 만약 수의 개념을 활용하지 않고 '열심히' 운동을 해야 한다고 했다면 일상생활이 운동인 트레이너와 일상생활에서 자투리 시간을 내서 운동을 하는 운동자가 생각하는 '열심히'가 다를 것이다. 트레이너는 운동자를 도와주기 있는 사람으로 운동량 기준에 대해 이견이 있을 수 있다. 그러나 수의 개념을 대입함으로써 분명하게 정해진 횟수를 했는지, 못했는지 구분이 확연이 되기 때문에 서로 간 이견이 없는 것이다. 삶 중에 많은 사람들과 서로 상호작용하면서 살아가게 된다. 이때 서로 간에 갈등이 생겼을 때 상대방이 원하는 양만큼 채워주면 갈등은 해소 된다. 이처럼 수의 개념은 실생활에서 다양하게 적용해서 사용할 수 있다. 삶 중에 갈등과 이해 충돌이 적으면 적을수록 생활에 활력이 생긴다. 생활의 활력이 생기면 사물을 바라보는 관점이 다르게 느낀다.

현대경영학의 아버지 피터 드러커는 목표 설정의 중요성을 강조하면서 목표 설정을 위해 "목표의 구체성, 측정의 가능성, 달성의 가능성, 결과의 지향성, 시간의 제한성" 다섯 가지로 구분하여 제시했다. 그의 주장이 통일된 목표 설정으로 논의된 바는 없지만, 대체적으로 이 범주를 포괄하고 있다. 이런 목표 설정은 좀 더 목표를 효과적으로 달성할 수 있도록 하는 기능이 된다. 피터 드러커가 제시한 목표 설정에 측정 가능성도 포괄하고 있다. 아무리 최상의 측정 도구이더라도 그 측정이 불명확하면 계획한 것에 도달했는지를 알 수가 없다. 데드라인 마지막 날에 원했던 성과의 양이 될 수도 있고, 아닐 수도 있다. 그러므로 목표 달성에 성공하고 싶다면 객관적으로 양을 측정할 수 있는 숫자의 개념을 도입하는 것이 효과적이다.

목표 달성의 계획은 반드시 숫자로 표기해야 한다. 막연하게 '부자가 되자'라고 하는 것과 '5년 안에 10억을 모으자.'라고 숫자로 표현한 것에 대한 마음가짐이 다르다. 그냥 '부자가 되자'고 한 것은 너무나 막연하다. 그러나 숫자로 표기를 하면 분명한 데드라인을 알 수 있다. 이처럼 우리는 숫자 시대에 살고 있다. 성과를 숫자로 표기하면 실행이 계획보다 부족한 성과인지, 적당한 성과인지, 아니면 계획보다 더 많은 성과를 올렸는지 바로 알 수 있다. 이처럼 목표 달성을 위한 모든 계획에 따른 성과는 숫자로 관리해야 성공할 확률이 높다.

05

시간관리로 인생을 지배하라

사람은 망설이지만 시간은 망설이지 않는다.
잃어버린 시간은 되돌아오지 않는다.

- 벤자민 프랭클린 -

오늘과 인생은 같은 말이다. 왜냐하면, 오늘이 모여서 인생이 되기 때문이다. 세상에서 가장 공평한 게 있다면 바로 시간이다. 시간은 누구에게나 공평하게 주어진 삶의 자본금인 것이다. 나라, 인종, 남녀노소, 지위고하, 빈부귀천에 구별 없이 모든 사람에게 하루 24시간이 주어졌기 때문이다. 오늘 주어진 시간을 내일로 미루어서 쓸 수도 없고, 붙잡을 수도 없다. 오늘이 지나면 24시간은 영원히 세상에서 사라지고 만다. 자신에게 주어진 하루를 잘 분배해서 활용할 수도 있고, 그냥 대충 시간을 보낼 수도 있다. 그 선택은 자신의 몫이다. 이때 선택한 것의 결과들이 모이고, 모여서 자신의 인생이 된다. 각자에게 주어진 자본을 어떻게 사용하느냐에 따라 인생의 모양도 달라진다.

벤자민 프랭클린은 이런 말을 했다. "그대는 일생을 사랑하는가? 그렇다면 시간을 낭비하지 말라 왜냐하면 시간은 인생을 구성한 재료이니까. 똑같이 출발하였는데, 세월이 지난 뒤에 보면 어떤 사람은 뛰어나고 어떤 사람은 낙오자가 되어 있다. 이 두 사람의 거리는 좀처럼 접근할 수 없는 것이 되어버렸다. 이것은 하루하루 주어진 시간을 잘 이용했느냐 이용하지 않고 허송세월을 보냈느냐에 달려 있다." 벤자민 프랭클린은 미국 건국의 아버지라 불리는 사람 중의 한 사람이다. 벤자민 프랭클린은 시간을 낭비하지 말라고 강조했다. 견습공에서 미국의 독립에 중요한 역할을 담당했던 그는 오직 철저한 시간관리와 자기계발로 국민의 사랑을 받았던 위대한 인물이다. 사람들은 시간의 중요성과 활용에서 우선순위를 잘 모른 경우가 있다. 시간을 잘 관리하려면 우선순위를 분명히 정해야 한다. '백수가 과로사 한다.'는 우스갯소리가 있다. 누구나 24시간은 무조건 하루 중에 다 쓰고 지나간다. 꿈이 있는 사람은 24시간을 대충 사용하지 않는다. 성공한 사람들이 매스컴을 통해 알려질 때 왕관만 보이겠지만, 그들의 왕관의 뒤에는 24시간이라는 자신의 시간을 잘 관리했기 때문에 성공을 할 수 있었던 것이다. 세상에 가치 있는 것은 반드시 그에 상응하는 대가를 치른 뒤에 얻게 된다.

90년대 말 컴퓨터가 보급되기 시작하면서 남들보다 먼저 컴퓨터를 집에 들여놓았다. 아이들이 컴퓨터와 친해지도록 하기 위해 게임에 입문시켰다. 게임을 한 번 시작하면 1시간이고 2시간이고 게임에 매달려 있었다 이에 내린 처방은 컴퓨터 관련 자격증(컴퓨터 활용능력, 워드프로세스, 인터넷정보검색사)을 취득하도록 했다. 게임 1시간에 자격증 공부 1시간을 정해 주었다. 아이들은 게임을 하고 싶은 욕심에 남들보다 빨리 이 자격증을 모두 취득했다. 나는 아이들이 자격시험을 볼 때마다 시험장에 데려갔다가 시험이 끝나면 데려왔다. 이때 시험이 끝나도록 무료하게 기다리는 시간이 아깝다는 생각이 들고 부터 나도 자격시험을 함께 보았다. 덕분에 일찌감치 컴퓨터 관련 자격증도 취득했고, 시간 낭비도 막을 수 있었다. 인생에서 시간은 매우 중요하다. 성공한 사람은 시간 관리를 철저히 했고, 그 중에서도 자투리 시간을 모두 챙겨서 사용했다. 시간은 인생을 만드는 핵심 재료이기 때문에 성공의 여부는 여기서 갈라진다.

J. 하비스는 "승자는 시간을 관리하며 살고, 패자는 시간에 끌려 산다."고 했다. 자신의 성공을 위해서는 시간을 철저하게 관리하며 잘 리드하며 살아야 한다. 하루 중에도 무엇을 몇 시간 정도 사용할 것인지를 계획하고, 눈으로 볼 수 있게 기록을 하고, 시작한 일은 어느 시점에 끝낼 것인지 데드라인을 정해서 계획성 있게 시간을 잘 관리해야 한다. 이렇게 했을 때 작은 시간들까지도 누수 되지 않고, 시간을 효율적으로 사용할 수 있다. 이처럼 하루를 어떻게 활용하느냐에 따라 어떤 사람은 성공하고, 어떤 사람은 그렇지 않다. 목표치에 도달하기 위해서는 하루를 충실하게 만들어야 하고,

이것을 하나하나 쌓아 올려야 한다.

　나는 하루의 모든 일정을 시간을 기준으로 관리한다. 아침 기상은 물론이고, 출근하는 시간, 점심시간 활용, 공부하는 시간, 휴식 시간 등을 모두 의식적으로 관리한다. 행동의 전환 때 마다 먼저 시계에 눈이 간다. 심지어 화장실에서 보내는 자투리 시간까지도 허투루 보내지 않고 미리 출력해 두었던 기사를 가지고 가서 읽어본다. 처음 하는 일은 모두 어렵다. 그 어려움을 이기는 데는 반복이 스승이다. 시간 관리를 처음 시작할 때에는 눈이 시계에 잘 가지 않았다. 그러나 시계 보는 습관이 들고부터는 시간 관리는 너무나 쉬워졌다. 어떤 일을 할 때 눈이 자연스럽게 시계로 간다. 일의 전환이 있을 때마다 '지금 몇 시니까 몇 시까지 하자.'라는 것을 마음속으로 정하게 된다. 자신이 원하는 것을 달성하기 위해서는 시간관념이 철저해야 한다. 그 중 시간관리는 최우선시 되어야 한다. 시간 관리에 있어서는 작은 틈도 주어서는 안 된다. 작은 틈이 결국 자신을 무너뜨린다.

　어느 시간관리 전문가가 강연장에서 실험한 내용이다. 먼저 주먹만 한 큰돌을 항아리 속에 가득 채웠다. 이어서 다시 작은 자갈을 항아리에 집어넣고 깊숙이 들어갈 수 있도록 항아리를 흔들었다. 그다음 모래를 넣었고, 이어서 물을 채웠다. 항아리는 빈 공간 없이 꽉 찼다. 이 실험에서 시사하는 바는 항아리에 넣는 순서이다. 만약 큰 것을 먼저 넣지 않고 작은 것을 먼저 넣었다면 나중에 큰돌을 넣을 수 없다는 메시지이다. 시간관리도 마찬가지이다. 시간 관리에도 우선순위를 잘 정해야 한다. 일상적으로 늘 해야 하는 작은 일들에 시간을 쓰고 나면, 큰돌에 해당되는 큰일은 할 시간이 없다. 그러므로 하루 주어진 24시간 중 자신이 정한 목표가 있다면, 그 목표 달성을 위해 시간을 우선 사용해야 한다. 그다음 중요도에 따라 시간을 사용해야 한다. 그리고 맨 마지막에 사용해야 하는 시간은 일상생활이다.

돈을 예로 들어보자. 천 원짜리는 누구에게나 한 장쯤은 있다. 그 천 원은 작은 돈이다. 우리는 작은 돈도 모으면 큰돈이 되는 것을 알기 때문에 버리지 않고 소중하게 여긴다. 세상에서 돈이 가장 중요하다는 생각이 들기도 하지만, 돈은 또 벌면 된다. 하지만 시간은 한 번 지나가면 다시는 되찾지 못한다. 시간의 가치는 이 세상 어느 것과도 상대적일 수가 없다. 성공한 사람들을 보면 습관적으로 자투리 시간을 놓치지 않고 다 활용한다. 결국 시간관리는 곧 그 사람의 인생을 좌우한다.

"가장 바쁜 사람이 가장 많은 시간을 갖는다. 부지런히 노력하는 사람이 결국 많은 대가를 얻는다."고 알렉산드리아 피네가 말했다. 가장 바쁜 사람이 시간을 가장 많이 사용한다. 시간은 어떻게 쓸 것인가 계획을 잘 세워야 한다. 목표에 가장 많은 시간을 할애하되, 일상의 작은 시간들도 잘 관리해야 성공할 수 있다. 시간은 휘발성이기 때문에 생산됨과 동시에 사라져버린다. 그래서 미리미리 계획하지 않으면 그 시간은 날아가 버린다. 인생의 승패는 시간 관리에 있다.

　시간을 지배한다는 것은 인생을 지배하는 것이다. 시간관리를 잘 하려면 어떻게 쓸 것인지 객관적이고 구체적으로 계획을 세워야 한다. 그리고 실행의 여부를 하루하루 점검해보아야 하고, 그 결과에 따라 실행의 재정비를 끊임없이 반복해야 한다. 하루 중 목표와 관련된 일만 할 수는 없다. 그러나 일상에서 하루 중에 해야 할 일들도 많다. 그런 것도 무시할 수는 없다. 작은 일들도 자신의 인생을 만드는데 모두가 원재료가 된다. 그래서 일의 우선순위를 짜임새 있게 관리해야 한다. 성공한 사람들은 작은 시간도 놓치지 않는다.

06

기록으로 자기 역사를 남겨라

쉬지 말고 기록하라.
기억은 흐려지고 생각은 사라진다.
머리를 믿지 말고 손을 믿어라.

- 다산 정약용 -

우리의 뇌는 하루 중에 있었던 일을 100% 기억하지 못한다. 분명한 것은, 내가 기억해야 하는 사항은 모두 기록을 해 두어야 한다는 점이다. 기록을 해두지 않으면 생각과 기억은 사라진다. 하루 중에 일어난 일들을 중요도와 관심사의 경중에 따라 뇌는 단기기억과 장기기억으로 나누어져 저장한다. 장기기억에 저장된 것은 오랫동안 저장해 두어 세월이 지나도 기억이 생생하게 나도록 하지만, 단기기억은 수초, 수분, 길어야 하루 동안 짧게 유지되었다가 사라진다. 그러므로 생각했던 것이나 계획했던 일은 반드시 기록해 두어야 한다. 과거의 일을 통해 현재를 만들고, 현재를 통해 미래를 만들어 내듯이 이를 연결하는 것은 바로 기록이다.

나는 나를 사랑하기 때문에 최고의 사람으로 만들어주고 싶다. 최고로 만들기 위해서는 하나라도 더 배우고 경험해야 한다. 그래서 세상의 정보와 지식을 습득하는데 부지런하다. 순간 지나가버리는 사건이나 정보도 나에게 의미가 있다고 판단이 되면 놓치지 않고 메모를 한다. 이렇게 할 수 있는 것은 메모하는 습관이 되어있기 때문이다. 내가 머무는 곳에는 항시 메모가 가능하도록 미니 수첩이 준비되어 있다. 핸드백, 승용차, TV, 책상 등 미니 수첩이 하나씩 있다. 또 책을 읽거나, 동영상 강연을 보면 반드시 정리를 해둔다. 이처럼 메모장이나 노트에 정리해 두면 1년이고, 10년이고 분실되지 않는 한 다시 볼 수 있다. 메모는 과거의 내가 밑알이 되어 지금의 나로 성숙한 것을 보여주는 거울이 되기도 한다. 기록은 미래를 위해 오늘을 담는 그릇이다.

"전 생애에 걸쳐 축적한 기억과 경험은 다음 세대에게 전승된다. 개별적인 인간은 소멸하지만, 기록하는 인류는 미래를 꿈꾼다. 바로 인류가 수만 년 동안 단 한 번의 쉼 없이 기록하는 이유다. 기록은 목소리를 가져야 하고, 그 소리에는 '언제, 어디서, 누가, 무엇을, 왜, 어떻게' 했는가에 대한 이야기가 담겨야 한다." 안정희의 저서《기록이 상처를 위로한다》의 내용이다.

그의 말처럼 전 생애의 기억과 경험이 다음 세대에 전승된다. 기록은 과거의 사람과 현재의 사람을 연결해 주는 통로 역할을 했다. 인류의 발명 중 가장 위대한 것은 바로 문자이고, 기록을 통해 문명을 발전시켜왔다. 인류의 역사를, 유럽의 역사를, 아시아의 역사를, 우리나라의 역사를, 가문의 역사를, 내 개인의 역사를 현재로 이어준 것이 기록의 힘이다. 기록이 없었다면 수천 년 전의 역사와 문화를 알 수도 없을 뿐 아니라, 어떤 것도 無에서 시작해야 한다. 기록은 지난 과거를 기록한 역사도 중요하지만, 앞으로 해야 할 일을 기록하는 것도 중요하다. 미래를 건설하는데 계획된 기록은 사람의 행동을 이끌어 내는 역할을 한다. 사람들의 행동에 대한 기록은 결국 인류의 역사가 된다.

자기계발과 성공학의 대가 지그 지글러는 "목표를 종이에 기록하기 전까지는 그 어떤 의도나 계획도 토양 없는 곳에 뿌려진 씨앗과 같다.'고 했다. 어떤 열매도 씨앗을 뿌리지 않고는 수확을 할 수 없다. 그 씨앗 또한 아스팔트가 아닌 토양이 있는 곳에 뿌려야 싹이 난다. 좋은 열매를 맺기 위해서는 씨앗을 뿌리고 물을 잘 주어야 한다. 그 외의 햇볕과 바람과 비 등은 자연이 할 것이다. "우리 중 약 95%의 사람은 자신의 인생 목표를 글로 기록한 적이 없다. 그러나 글로 기록한 적이 있는 5%의 사람들 중 95%가 자신의 목표를 성취했다."고 리더십의 대가 존 맥스웰이 말했다. 누구나 삶을 영위하면서 자신이 원하는 것이 있다. 이것을 내 것으로 만들기 위해서는 목표가 있고, 목표를 향한 행동이 뒤따라야 한다. 이런 과정을 거쳐 결과물이 나오게 된다. 목표를 세웠다고 해서 누구나 성취하는 것은 아니다. 그러나 목표를 글로 써서 관리하면 좀 더 성공률이 높다는 것이다.

이 들의 말처럼 원하는 것이 있으면 분명하게 목표를 세워야 한다. 목표를 세울 때에는 생각에 머물러 있으면 안 되고, 생각을 종이에 기록하고 행동으로 옮겨야 한다. 이때 잠재적으로 품고 있던 것을 기록한 내용으로 보게 되면 능동적으로 움직이게 된다. 기록은 행동을 지배하기 때문에 계속 눈으로 보게 되면 의식을 놓지 않게 해주는 효과가 있다. 계획한 목표를 달성하기 위해 계속 의식하고 있을 때, 극대화된 결과를 얻을 수 있다. 결국 원하는 것을 성취하고자 하면 목표를 기록해서 관리해야 한다.

브라이언 트레이시의 저서 《목표, 그 성취의 기술》에 소개된 내용이다. 1979년부터 1989년까지 하버드 MBA 과정 졸업생들을 대상으로 한 연구결과이다. "졸업생 중 3%는 자신의 목표와 목표 달성을 위한 계획을 세워 기록해 놓았고, 13%는 목표는 있었지만 기록하지는 않았다. 10년 후, 목표는 있었지만 기록을 하지 않은 13%의 졸업생들은 목표가 없었던 84%의 졸업생들보다 평균 2배의 수입을 올리고 있었고, 목표가 있고 계획을 기록해 두었던 3%의 졸업생들은 나머지 97%의 졸업생들 보다 10배의 수입을 올리고 있었다." 이 연구에서 목표 달성에 대한 계획을 기록했던 졸업생들은 현저하게 수입을 많이 올리는 것으로 나타났다.

우리가 스포츠 게임을 보면 중간에 감독이 선수들을 모아놓고 새 작전을 지시한다. 새 작전을 받은 선수들은 그 작전에 따라 경기의 방향을 정한다. 게임에서 승리를 하면 '작전이 좋았다.'고 할 때가 있다. 이는 작전을 어떻게 세웠는지에 따라 결과가 달라졌다는 말이다. 한 사람의 인생도 마찬가지다. 누구에게나 세상은 동일하게 주어진다. 이때 어떤 생각을 가지고 어떤 행동을 하느냐에 따라 결과는 달라진다. 성공한 인생을 만들기 위해서는 피나는 노력이 수반돼야 한다. 이때 가장 큰 적은 외부에 있는 것이 아니라 바로 내부의 자신이다. 자신을 이기기 위한 비법을 쓰지 않으면 성공할 수가 없다. 그 요령 중 하나가 글로 써서 시각화하여 날마다 자신에게 보여주며 의지를 다지게 하는 것이다. 자신의 목표를 글로 써서 관리하면 색다른 재미가 있다. 리스트에 적힌 작은 목표를 이룬 뒤 목록에서 하나씩 지우는 재미이다. 나중에 모두 지우고 나면 마지막에 남는 것은 성공한 자신이 될 것이다.

《난쟁이 피터》의 작가 호아킴 데포사다의 말이다. "기록은 행동을 지배한다. 글을 쓰는 것은 시신경과 운동근육까지 동원되는 일이기에 뇌리에 더 강하게 각인된다. 결국 우리 삶을 움직이는 것은 우리의 손이다. 목표를 적어 책상 앞에 붙여두고 늘 큰 소리로 읽는 것, 그것이 바로 삶을 디자인하는 노하우다." 그의 말처럼 기록은 행동을 지배하게 되므로 사람을 능동적으로 움직이게 하는 힘이 된다. 눈으로 본 정보를 뇌는 마음과 몸에 지시하고 통제한다. 기록은 눈으로 보기 때문에 뇌의 통제권 밖에 있을 수다. 때문에 목표달성에 꼭 필요한 전략이다.

　사람들이 꿈을 품고 있다는 것은 미래의 자기를 상상하고 있는 것이다. 그 상상하고 있는 것을 현실화시키는 것이 중요하다. 성공한 사람들의 공통점이 있다면 기록하는 습관이다. 기록은 기억을 지배한다. 성공한 인생을 만들기 위해서는 자신을 움직여 행동하도록 해야 한다. 목표를 기록하면 우리 뇌는 목표 지향적으로 만들어 주고 실현 가능하도록 행동을 유도한다. 또 기록의 시각화는 의식에서 깨어있게 하는 효과가 있다. 의식이 깨어 있으면 정한 목표를 달성해 낸다. 목표의 달성은 결국 자기의 역사를 다시 쓰는 것이다.

07

몸이 기억하는 습관을 만들어라

처음에는 우리가 습관을 만들지만,
그다음에는 습관이 우리를 만든다.

- 존 드라이든 -

나는 일찍 기상한다. 그것도 새벽 3시 50분에 일어난다. 나의 하루 일과를 4시부터 시작하기 위해서이다. 새벽 4시는 신의 시간이라고 할 정도로 의미 있는 시간이다. 출근 준비를 하고 직장에 도착하면 5시가 채 안 된 시간이다. 주차장 문은 거의 내가 연다. 성공한 사람들을 보면 일찍 일어나고, 주로 4시에 기상하는 사람이 많다. 나도 성공한 사람이 되고 싶어서 이 시간에 맞춘 것이다. 30세까지 나를 기준으로 주체적인 삶을 살았다. 결혼을 하면서 모든 것을 절반으로 나누게 되었고, 워킹 맘으로 자녀의 양육과 교육, 직장인으로서의 고충 등 기도해야 할 것들이 많았다. 옛날 할머니와 어머니들이 '정화수'를 떠놓고 가족의 평안을 빌었던 것처럼, 나도 같은 심정으로 날마다 기도를 한다. 기도를 위해 일찍 일어나기 시작했고, 주경야독을 하게 되면서 새벽시간을 이용한 것이 이제는 습관이 되었다.

　새로 시작하는 하루는 낯선 하루의 시간이다. 오늘은 새 날이자 마지막 날이다. 기상을 빨리하면 해야 할 일과, 하고 싶은 일을 동시에 다 해결할 수 있다. 낮 시간에는 해야 할 일을 하고, 근무시간 외에는 하고 싶은 일을 할 수 있다. 새벽시간을 활용하면 이처럼 일거양득이 된다. 새벽에 일찍 일어나기 위해서는 잠을 조금 줄이면 된다. 성인의 잠은 5-8시간 정도가 적당하다고 한다. 그럼 하루 최대한 쓸 수 있는 시간은 19시간 정도가 된다. 이중 일반적으로 사용하는 근무시간과 출퇴근 시간을 13시간 정도를 제외하고, 나머지 6시간 정도를 더 사용할 수 있는 셈이다. 나는 이 시간을 모두 활용한다. 직장이 있고, 자녀가 있는 사람은 자기 시간을 내기가 쉽지 않다. 나 역시 마찬가지이다. 새벽시간은 모두가 잠자고 있어 가족과 직장에 부담을 주지 않기 때문에, 이 시간을 사용하는데 부담이 없다. 이렇게 일찍 기상을 하게 된 것은 학교 공부를 하게 되면서 습관으로 굳어졌다.

　'정말 그렇게 일찍 일어날 수 있을까?'라는 의문이 들 수 있다. 의문을 갖는 것은 당연하다. 일시적인 것도 아니고 매일 그렇게 한다는 것은 상식적으로 납득이 안 가기 때문이다. 그러나 나에게는 너무나 쉬운 일이다. 이렇게 할 수 있는 것은 딱 두 가지 요건만 충족하면 가능한 일이다. 첫째는 꿈이 있어야 한다. 두 번째는 습관을 만들면 된다. 꿈의 목표치를 달성하기 위해서는 열정과 부지런함이 있어야 한다. 열정과 부지런함은 자신의 행동에서 나와야 한다. 행동을 힘들이지 않고 날마다 반복해서 할 수 있도록 하는 것은 습관이다. 내가 일찍 일어날 수 있는 것도 같은 맥락이다. 그 시간에 모닝콜 지정해놓았든, 그렇지 않든 그 시간만 되면 자동적으로 눈이 떠진다. 나에게 수면은 몸에 배어 있어 지금은 일찍 일어나는 것보다 오히려 늦게 일어나는 것이 더 힘들다. 어떤 일을 반복적으로 계속하다 보면 몸이 기억하고 있어 스스로 행동하게 된다. 이것이 습관의 힘이다.

에피네토스는 "모든 습관은 노력에 의해 굳어진다. 잘 걷는 습관을 기르기 위해서는 자주 많이 걸어야 한다. 잘 달리기 위해서는 많이 달리는 것이 필요하다. 잘 읽으려면 많이 읽어야 한다. 지금까지 습관이었던 것을 중단하면, 그 습관은 차츰차츰 쇠퇴해진다." 습관은 후천적으로 정신적, 신체적 행동의 반복에 의해 만들어진다. 행동에 습관을 붙이려면 처음에는 의식하지 않고는 불가능하다. 우리 몸은 3주, 즉 21일 동안 반복하면 습관으로 받아들인다고 한다. 그래서 보통 '21일 완성, 3주 완성'이라는 제목으로 습관에 관한 책들이 많이 출간되어 있다. 성공하고 싶으면 딱 3주만 참고 고생하면, 이전의 나는 죽고, 새로운 내가 부활한다.

누구나 성공하고 싶은 욕망이 있다. 그렇지만 그 욕망만으로 성공하기는 어렵다. 성공을 갈망한다면 습관의 수레를 타야 조금 쉬워진다. 파스칼도 "습관은 제2의 천성으로 제1의 천성을 파괴한다."고 했다. 천성이라면 본래 타고난 성격이나 성품을 말하고, 습관은 사후적으로 만들어진 것이다. 그래서 습관을 제2의 천성이라고 하는 것이다. 제2의 천성을 만드는 데 누구도 그 일을 대신해 줄 사람은 없다. 자신만이 그 일을 할 수 있다. 성공을 하려면 일상의 습관이 중요하다. 습관은 좋은 습관만 있는 것은 아니다. 좋은 습관이든, 나쁜 습관이든 습관화 되어 있으면 그것에 탄력이 붙게 된다. 습관을 자신이 성취하고 싶은 것에 초점을 맞춰 놓으면 자신이 의식하지 않아도 알아서 자동적으로 몸이 알아서 한다. 하루의 일과를 애써 힘들이지 않고 시간의 수레에 올라타기만 하면 된다. 습관이 자신의 운명을 만들기 때문에 좋은 습관은 만들고, 나쁜 습관은 버려야 한다. 꿈이 있고, 그 꿈을 성취하기 위해서는 목표에 맞춰 습관을 만들어 놓는 것이 중요하다.

성공을 가시화하는 것이 바로 부(富)와 연결된다. 모든 성공이 그렇지는 않지만 성공한 사람들은 대부분 부(富)를 거머쥐고 있다. 《습관이 답이다》라는 책의 저자 톰 콜리는 '부자습관'에 관해 "금수저나 엘리트가 아니어도 부자가 되는 단 하나의 방법, 습관을 바꾸면 인생이 바뀐다."고 했다. 그는 5년 동안 233명의 부자들과 128명의 가난한 사람들을 연구했다. 부자인 사람들이 공통으로 가진 습관들과 가난한 사람들이 공통으로 가진 습관들을 밝히면서 그는 부자가 되느냐, 가난해지느냐는 습관이 결정한다는 것을 알게 되었다고 한다. 그는 자수성가한 백만장자들이 어떤 습관을 가졌는지에 대해 연구한 결과 "그들 중 88%는 매일 30분 이상 자기계발을 위한 독서를 하고, 76%는 매일 30분 이상 유산소운동을 한다. 그들 중 89%는 매일 7~8시간 동안 잠을 자고, 50% 정도는 업무가 시작되기 전 3시간 전에 일어났다."고 했다. 특히 자수성가한 부자들은 실제로 이것들을 실천한 것으로 나왔다. 이렇게 자신이 한 행동이 하루하루 쌓여 습관이 되었고, 그 습관이 부자로 성공한 인생을 만들었다. 결국 자신의 습관을 잘 통제하는 사람이 자기 인생도 지배할 수 있다는 것이다.

누구나 한두 개의 재능을 가지고 태어난다. 그 재능이 미래의 꿈과 연관이 있다 하더라도 그것을 갈고 닦는 노력을 하지 않는다면 좋은 결과로 승화한다는 보장이 없다. 결국은 자신의 습관이 자기의 성공을 결정짓는다. 습관은 항상 나와 함께 있으면서 가장 잘 도와주기도 하고, 때론 가장 먼저 적이 되기도 한다. 또 성공한 사람을 만들어주기도 하고, 실패한 사람을 만들어주기도 한다. 그러나 많은 사람들은 습관의 중요함을 잊고 생활한다. 성공한 인생을 만들기 위해서는 생각을 행동하는 습관으로 만들어 놓아야 한다.

세계적으로 유명한 동기부여 강사인 스티븐 코비는 "자기 운명을 지배할 수 있다."고 주장했다. 그는 자신의 저서 《성공하는 사람들의 7가지 습관》을 '개인의 승리, 대인관계의 승리, 자기 쇄신'

으로 분류해서 세상에 알렸다. 개인의 승리를 위해서는 "자신의 삶을 주도하라, 끝을 생각하며 시작하라, 소중한 것을 먼저 하라"고 했다. 대인관계의 승리를 위해서는 "상호 의존의 패러다임인 승-승을 생각하라, 먼저 이해하고 다음에 이해시켜라, 시너지를 내라."라고 했다. 마지막으로 "끊임없이 쇄신하라"고 했다. 이후 《성공하는 사람들의 8번째 습관》을 또 집필했다. 8번째 습관은 7가지의 습관을 3차원에서 적용하여 그 위력을 발휘하게 하는 '내면의 소리를 찾고, 다른 사람들도 찾도록 고무하라'는 메시지를 추가한 것이다. 그가 전하는 메시지는 성공할 수 있는 에너지원은 '습관'이라는 것이다. 지금은 고인이 되었지만, 그의 정신은 많은 사람들에게 인생의 나침판이 되고 있다.

습관은 자기가 마음만 먹으면 바꿀 수 있다. 이때 반드시 목적이 있어야 가능한 것이다. 주인 노릇하던 기존의 습관이 하루아침에 자리를 내주지 않는다. 습관은 어릴 때부터 부모나 주변 환경에 의해, 그리고 성장해서는 사회 환경으로부터 보고, 듣고, 행동한 것들이 오랜 기간에 걸쳐 형성된 것이다. 새로운 습관으로 바꾸려고 하면, 내면에서 적으로 간주하여 저항한다. 우리 몸의 70조 세포가 그동안 인식하고 있던 것과 다르기 때문이다. 그러나 이를 이기고 좋은 습관을 붙이면, 습관이 좋은 사람이 된다.

성공의 출발은 목표를 세우는 것이고, 성공의 마무리는 행동하는 습관이다. 성공은 아무나 하는 것이 아니다. 성공은 철저한 자기

관리와 노력에 의해 만들어지는 것이다. 자기가 원하는 것을 취하기 위해서는 목적이 있어야 한다. 목적이 있으면 목표를 분명히 세워야 한다. 목표 달성은 무엇을 할 것인지, 언제까지 할 것인지, 어떤 방법으로 할 것인지, 하는 계획을 세워야 한다. 그리고 목표의 계획에 맞춰서 몸이 기억하는 습관을 만들어야 한다.

08

목표에 사명감을 입혀라

누군가 해내기 전까지는
모든 것이 불가능한 것이다.

- 브루스 웨인

차사순 할머니(당시 나이 69세)는 운전면허를 취득하기 위해 959번을 낙방했지만, 960번째 성공해 5년 만에 운전면허를 취득했다. 차 할머니는 시장 등에 채소를 내다 파시는데 차가 필요해 운전면허증을 취득하려고 했다. 운전면허를 취득하기 전까지 시험을 계속 쳤지만 2종 보통면허 합격선인 60점을 넘지 못했던 것이다. 시험에서 계속 낙방의 고배를 마셨지만 이에 포기하지 않고 결국 합격했다. 차 할머니의 이 같은 도전은 뉴욕타임스와 로이터통신에 '의지의 한국인'으로 소개되며 전 세계에 알려지기도 했다.

차사순 할머니의 사례를 보면서 '인디언 기우제'가 연상되었다. 인디언 기우제는 인디언들이 가뭄이 생겼을 때 기우제만 지내면 비가 온다는 것을 믿었다. 그들은 기우제를 지내면 비가 왔기 때문에 가뭄이 생기면 기우제를 지냈다. 정말 기우제를 지냈기 때문에 비가 왔을까요? 그들은 비가 올 때까지 인내와 끈기로 기도를 한 것이다. 상황은 조금 다르지만 차 할머니도 운전면허를 취득할 때까지 도전을 했고, 결국 원하는 것을 손에 쥘 수 있었다. 연세도 있으신 분이 이렇게 할 수 있었던 것은 재배한 농산물을 시장에 내다 팔아야 하는 상황으로 이동 수단이 필요했다. 운전을 하기 위해 운전면허가 '가능한'이 아니라 '반드시'라는 단서가 붙어 있어, 도중에 포기하지 못하도록 하는 힘이 있었다. 어떤 일을 시작할 때 목적에 따른 분명한 목표점이 있어야 하고, 또 반드시 해내야 한다는 사명감이 있어야 한다.

나는 사회적 약자에 대해 관심이 많다. 이들을 위해 내가 할 수 있는 일이 있다면 작은 것이라도 보태기를 원했다. 아이들이 어느 정도 크고 난 후부터 봉사와 기부를 조금씩 하기 시작했다. 불우 원생들이 있는 시설에 봉사를 다녀보면, 세상이 각박하다고 하지만 따뜻한 마음을 가진 사람들이 많다. 봉사에 오는 사람을 보면, 부모가 자녀를 데리고 오기도 하고, 기업체 차원에서, 모임 단체에서, 공무원 신규 교육생 등 실로 그 구성이 다양하다. 봉사자가 많이 오지만 대부분 목욕, 식사, 주변 환경 정비 등 단순 봉사이다. 수요가 많은 단순 봉사에는 봉사자가 남아돌았지만, 마음을 즐겁게 하는 놀

이봉사, 대화 봉사, 공연 봉사 등의 분야엔 봉사자가 적었다. 나는 무슨 일을 할 때 적극적으로 나서서 하는 것을 좋아하기 때문에 어차피 봉사에 시간을 낼 때 이들에게 도움이 되도록 하고 싶었다. 단순 봉사 이외에 내가 할 수 있는 봉사가 없나 생각해 보았지만 나에게 특별한 재능이 없기 때문에 특별히 달리 할게 없었다. 고심 끝에 악기를 하나 배워서 노래봉사를 해야겠다고 생각했다.

　종로에 있는 낙원 악기상가에 가서 기타를 하나 구입해서 배우기 시작했다. 6개월 정도 개인 교습을 받고 연습한 끝에 연습했던 몇 곡은 스스로 칠 수 있었다. 기타를 배운 것은 순전히 봉사의 목적을 위해 배운 것이다. 기쁜 마음으로 노래봉사 첫 공연을 했는데 반응이 신통치 않았다. 내가 노래봉사를 처음 했던 곳은 늘 봉사를 가던 곳으로 신체와 정신적 장애가 있는 지체부자유 수용시설이었다. 노래봉사를 하려면 신명나는 반주와 노래를 해서 흥을 북돋아주어야 함에도 그것까지 생각하지 못했던 것이다. 기타 실력도, 노래 실력도 시원찮아 더욱더 그랬던 것이다. 원생들에게 즐거움을 줄 수 있으리란 기대감과는 달리 표정이 즐거워 보이지 않았다. 그들은 감정을 표현하는 것이 서툰 사람들이었음에도 공연을 즐기지 않는다는 것이 바로 느껴졌다. 기타를 치며 노래 봉사를 하는 것은 단 1회로 막을 내렸다. 기타는 장속에서 10년이 넘게 잠을 자고 있다.

　어떤 선택을 할 때 직관적으로 하지만, 시도 후 노력 대비 성과에 비효율적이라는 판단이 서면 바로 방향 전환하는 것도 잘한다. 건강한 나는 봉사활동을 계속해야 한다는 사명감을 가지고 있었기 때문에 다른 방법을 찾았던 것이 민요였다. 민요는 삶에 대한 애환을 옛 선비들이 시조로 노래했고, 시조에 가락을 붙인 것이 민요이다. 공연 봉사에 민요를 결정한 후 민요를 가르치는 곳을 백방으로 알아보았지만 민요가 대중화된 노래가 아니기 때문에 학원을 찾기가 어려웠다. 학원이 있기는 했지만 대부분 낮 시간에 공부를 해 직장 관계로 시간을 맞출 수가 없었고, 개인교습을 받아보려고 여러 국악인들에게 문의를 해보았으나 목 보호를 위해 저녁시간대는 불가했다. 간혹 개인교습을 해주겠다고 하는 사람은 있었지만 개인교습비를 내가 맞출 수 있는 금액이 아니었다. 민요를 꼭 배우고 싶어서 시간이 날 때마다 인터넷을 통해 찾았으나 나에게 적합한 학원과 민요 선생을 찾지 못했다.

'간절히 원하면 이루어진다.'는 말이 있다. 믿음이나 기대로 실현되는 현상을 피그말리온 효과라고 한다. 피그말리온은 그리스 신화에 나오는 조각가이다. 피그말리온 효과란 피그말리온은 자신이 조각한 여인상과 사랑에 빠지게 되어 자신이 조각한 여인상과 결혼을 할 수 있기를 간절히 기도했다. 이에 사랑의 여신 아프로디테가 피그말리온의 지극한 사랑에 감동하여 생명을 불어넣어 주었다. 피그말리온은 인간이 된 그 여인상과 결혼을 하게 되었다. 이 신화는 자기실현적 예언으로 '간절히 원하면 이루어진다.'는 사례에 인용되면서 '피그말리온 효과'라고 부르게 된 것이다.

어느 날 퇴근하다가 보니 우리가 사는 건물 지하층에 국악을 가르치는 학원이 생긴 것이다. 바로 수강문의를 해보았더니 저렴한 가격으로 주 2회 2시간씩 개인교습을 해줄 수 있다는 것이었다. 너무나 감사했다. 민요를 배우기를 백방으로 찾고부터 1년 만에 내 환경에 딱 맞는 사람이 내 눈앞에 나타난 것이다. 경제적 부담도 적고, 공부시간도 많이 내주었고, 같은 건물이었기 때문에 내게 딱 맞는 안성맞춤 학원이었다. 너무나 반갑고, 감사했다. 이처럼 어떤 일을 하고자 간절히 원하고, 이를 위해 행동하고 기다리면 스스로 길이 열리는 것이다. 이를 두고 '간절히 원하면 이루어진다.'고 하는 것이다.

하나의 문제를 해결하고 나면 또 다른 문제가 생기는 것이 인생이다. 민요를 배울 수 있는 최적의 환경이 갖추어졌으나 직장과 학업을 병행하고 있어 노래 공부를 꾸준하게 할 수 있을지에 대한 염려가 되었다. 민요는 1개월, 1년 배운다고 잘 할 수 있는 것이 아니기 때문에 중장기적으로 시간을 투자할 생각을 해야 한다. 봉사를 위해 민요를 배우고 싶어 했지만, 봉사는 꼭 해야 하는 것은 아니기 때문에 처음 마음과 달리 시간 투자가 후 순위로 밀릴 수도 있다. 그래서 배우는 중에 포기하는 것을 막기 위해 내린 처방은 '민요 전수'를 생각했다. 즉, 목표 속의 작은 목표를 세운 것이다. '민요 전수'라는 이름으로 나를 묶어놓은 덕분에 5년 만에 전수를 마쳤고, 소리 공부를 한지 10년이 넘었지만 아직도 소리 공부를 하는 것에 시간을 투자하고 있다. 처음 소리공부의 시작은 봉사를 하기 위한 목적이었지만, 지금은 국악인으로서 프로가 되고자 하는 것으로 바뀌었다. 앞으로 강연에서 노랫소리 공연까지 겸할 수 있게 새로운 형태의 강연을 선보일 것이다.

　미국 최초로 궤도 비행에 성공한 77세 고령의 우주인 존 글렌은 "실패가 당신을 깔아뭉개게 하지 마라 그래야 당신이 실패를 깔아뭉갤 수 있다. 목표를 정했으면 악착같은 자석이 되라."고 말했다. 존 글렌은 프렌드쉽 7호를 타고 지구 궤도를 3바퀴 돌아 미국에서 세 번째 우주인이 되었다. 이후 아폴로 13호를 타고 우주로 나갔다가 사령선의 치명적 고장으로 위기 상황에 빠졌을 때, 지구와 달을 좌표 삼아 완전 수동 방식으로 귀환에 성공했다. 비록 주어진 임무에는 실패했지만 역사에 영웅으로 남을 수 있게 되었다.

　성공을 위해 어떤 일을 시작할 때는 목적에 따른 분명한 목표점이 있어야 하고, 반드시 해내야 한다는 사명감을 입히면 도중에 포기하지 않는다. 실패는 용서해도 포기는 용서의 대상이 아니다. 목표의 사명감은 '이 정도면 됐어', '다음에 하자', '최선을 다 했어', '꼭 해야 돼?'라는 악마의 속삭임을 이겨낼 수 있다. 물이 얼음이 될 때에도 0도가 되지 않으면 얼지 않고, 반대로 100도가 되어야 물은 끓는다. 여기서 0.000..1만 미달되어도 목표치의 결과는 나오지 않는다. 0도가 되고, 100도가 될 때까지 참고 기다려야 목표를 달성할 수 있다.

제5장

이미 이룬 것처럼
행동하라

01

오늘 일에 목숨 걸어라

오늘이라는 날은
두 번 다시 오지 않는다는 것을 잊지 말라.

- 단테 -

　새 학기를 시작하면 새로운 학생들과 만난다. 이때 학생들에게 질문하는 것이 있다. 칠판에 선을 한 줄 길게 긋고는 무엇인지 물어본다. "여러분 이것이 무엇이라고 생각하세요?" 라고 한다. 이에 대답하는 학생은 없다. 한 줄의 선만 보이기 때문에 달리 대답할 것이 없기 때문이다. 학생들은 특별한 메시지가 있나 해서 귀를 기울인다. "지금 여러분이 보고 있는 것은 한 줄의 선입니다. 그러나 저는 이 선을 그릴 때 아주 빠른 속도로 계속 점을 찍었습니다. 여러분들은 제가 점을 찍고 있다는 사실을 인식하지 못했을 것입니다. 이처럼 여러분들의 인생도 마찬가지입니다. 순간순간마다 점을 열심히 찍고 있지만, 자신이 인식하지 못하고 있습니다. 이 점들을 모두 이은 것이 자기의 인생이 되는 겁니다. 인생의 모양은 점의 모양입니다."라고 말한다. 한 줄의 선은 매우 단순한 그림 같지만 이 속에 큰 교훈이 들어있다.

'오늘'이란 하루가 인생의 축소판이다. 나는 학생들에게 미래를 따로 준비하지 말라고 한다. 미래는 오늘이 모인 것이기 때문에 따로 준비할 필요가 없다. 오늘을 어떻게 만들지는 순전히 자신의 몫이지 권한이다. 미래에 원하는 나를 만들기 위해서는 오늘에 목숨을 걸어야 한다. 신은 인간에게 오늘을 무상으로 준 것 같지만 영원한 무상은 아니다. 자기관리를 잘하며 좋은 인생을 만든 사람에게는 보람과 행복이라는 기쁨을 선사하는 반면, 그 반대의 인생을 만든 사람에게는 후회와 불행으로 상심하도록 하는 것으로 각자의 마음에 대가를 치르게 한다. 오늘이 무한한 가치가 있는 것을 인식하지 못하고 값없이 흘려 보내는 것은 자기 속 사람이 원하는 인생이 아니다. 어제의 교훈과 내일의 꿈 사이에 오늘은 기회가 있다는 것을 잊지 말아야 한다. 자신의 인생을 명작으로 만들기 위해서는 '오늘' 최선을 다해야 한다.

사람들은 쉽고 즐거움이 있는 일에 대해서는 잘 받아들이고 즐기는 반면, 힘들고 고통이 따르는 일은 피하려고 한다. 그러나 '위험부담이 많은 것일수록 남는 장사'라는 말처럼, 가치가 있는 일에는 고통이 따르기 마련이다. 낯설고 어려운 일을 피하고 나면 할 일은 없다. 무엇인가를 해야 결과를 얻는다. 세상에 떨어진 문제에 대해 너무 걱정할 필요가 없다. 성경에 '인간에게 감당할 시험밖에는 주지 않는다.'는 말씀이 있다.

> "사람이 감당할 시험밖에는 너희가 당한 것이 없나니 오직 하나님은 미쁘사 너희가 감당하지 못할 시험당함을 허락하지 아니하시고 시험당할 즈음에 또한 피할 길을 내사 너희로 능히 감당하게 하시느니라"(성경말씀 고린도전서 10장 13절)

그렇다. 어떤 문제가 생기면 누구나 자신의 문제에 대해서 해결할 수 있는 능력이 있다. 그러나 우리는 타인의 문제에 대한 일은 적극적으로 해법을 잘 제시해 주지만, 자신의 문제는 침소봉대(針小棒大) 하여 답을 찾지 못하는 경우가 허다하다. 이는 '등잔 밑이 어둡다.'는 말처럼 자신을 잘 모르기 때문이다. 하지만 자신에 대한 문제를 가장 잘 풀 수 있는 사람은 바로 자신이다. 이것이 하루의 문제이기도 하다.

명심보감 성심편에 "천불생무록지인(天不生無祿之人) 지부장무명지초(地不長無名之草). 곧 하늘은 녹(祿) 없는 사람을 내지 않았고, 땅은 이름 없는 풀을 기르지 않는다."라는 말이 있다. 이는 하늘이 사람에게 능력을 주었고, 땅은 풀의 존재를 인정한다는 의미이다. 하늘이 부여한 능력은 세상의 문제를 푸는 만능열쇠인 셈이다. 이 열쇠를 사용할 수 있는 권한은 자신에게 있다. 어떤 일도 시도하지 않는 자는 이 열쇠를 쓸 수 있는 기회도 없다.

"내일 죽을 사람처럼 살고, 영원히 살 사람처럼 배워라." 인도의 민족운동 지도자 마하트마 간디의 말이다. 그는 인도에서도 부유층 집안에서 막내아들로 태어나 영국에서 법률 공부를 하고 변호사가 되었다. 모국으로 돌아와 일생을 인도의 해방을 위해 민족운동 지도자로서 영국에 대항하여 비폭력, 불복종 운동을 벌이며 인도 국민을 하나로 뭉치게 만들었다. 이후 인도뿐 아니라 세계 평화운동에 많은 영향을 주는 정신적 지주가 되었다. 간디의 교훈은 오늘 최선을 다하고, 배운 것에 게을리하지 말라는 것이다. 우주의 중심은 바로 나이니, 그 중심점이 사라지면 아무 의미가 없다. 모든 사람이 다 내일을 보장받았다고 볼 수 없다. 그러니 오늘 최선을 다해 살아야 한다.

오늘을 귀하게 생각해야 한다. 오늘은 첫날이자 마지막 날이기 때문이다. 오늘 무엇을 할지 하는 권한이 나에게 있다. 내 눈앞에 나타난 오늘을 소중히 여기고 혼신의 힘을 쏟아야 한다. 소포클레스의 이런 말이 있지 않은가? "내가 헛되이 보낸 오늘 하루는 어제 죽어간 이들이 그토록 바라던 하루이다." 이 말은 우리에게 심금을 울리게 하는 명언이다. 우리는 오늘이 어제로 가기 전 하고 싶었던 일, 해야 할 일, 먹고 싶었던 것, 보고 싶었던 것 모두 다 해야 한다. 우리 속담에도 '구슬이 서 말이라도 꿰어야 보배'라는 말이 있다. 구슬이 아무리 많아도 구슬로 그대로 있으면 구슬일 뿐이다. 오늘을 채우지 않고 빈 그릇으로 보내면 미래는 없다. 오늘 어떤 일을 할 것인지가 중요하다. 사람들은 자신의 운명이 정해져 있다고 생각한다. 이런 생각은 인생도 미리 정해져 있다고 연결 짓는다. 각자의 인생이 미리 정해져 있든, 그렇지 않든 미래의 일은 지금 내가 개척할 수 있다.

사람의 연결은 사랑이다. 누구나 사랑이 있다. 그 사랑 누구에게 가장 많이 하고 살까? 사람마다 다르겠지만, 나의 경우에는 나 자신이다. 물론 나를 낳아준 부모님이나, 내가 낳은 자식들도 사랑한다. 그러나 나 자신보다 앞서는 사람은 없다. 그래서 나에게 좋은 미래를 만들어주기 위해 '오늘'이란 귀한 시간을 소홀히 할 생각이 없다. 오늘이 지나가면 다시는 그날을 만날 수 없다. 그러니 오늘 일에 목숨을 거는 것은 당연하다.

02

새벽시간으로 세상을 접수하라

아침잠은 인생에서 가장 큰 지출이다.

- 앤드류 카네기 -

"94.5MHz YTN 뉴스 FM입니다 지금은 보다 나은 방송 서비스를 위해 계획 전파를 실시하고 있습니다. 방송 송신과 장비 테스트를 진행하고 있으니 청취자 여러분들의 양해를 부탁드립니다. 정규방송은 잠시 후 오전 5시부터 들으실 수 있습니다. 감사합니다."는 라디오 메시지를 반복하면서 음악이 나온다. 이어서 AM 4시 57분에 애국가가 울려 퍼지고 다시 "청취자 여러분 안녕하십니까? 여기는 대한민국 수도 서울에서 방송해 드리는 YTN 라디오입니다. 살아있는 뉴스 깨어있는 방송 YTN 라디오는 FM 94.5MHz를 통해 하루 24시간 방송을 해드리고 있습니다. 24시간 살아 있는 뉴스 청취자 여러분을 찾아가는 YTN 라디오는 21세기 정보화시대 동반자로서 청취자의 정보복지 방송 균형 발전과 건전한 사회여론을 기여하고자 최선을 다하고 있습니다. 한국의 뉴스 채널 YTN 라디오는 방송통신위원회의 심의 규정을 준수하고 있습니다. YTN 라디오와 함께 밝고 활기찬 하루를 보내시기 바랍니다. YTN 라디오 편성 광고 책임자는 김호성입니다." 내가 직장에 도착하기 전에 들었던 방송 메시지이다.

이 방송에는 하루를 출발하는 나에게 활력을 주는 5개의 메시지가 들어있다. 첫째, '장비 점검'이다. 하루를 알차고 보람된 인생을 만들기 위해서는 미리 사전준비를 해야 한다는 메시지를 준다. 둘째, '애국가'를 듣는 것이다. 하루를 여는 첫 시간에 애국가를 듣게 되므로 애국심이 뼈 속까지 들게 한다. 셋째, '살아있는', '깨어있는'이다. 생활을 할 때 무의식이 아니라 의식을 갖고 적극적으로 생활하도록 해 준다. 넷째, '음악'이다. 아침에 음악을 들으면 마음이 상쾌하고 기쁨이 있다. 다섯째, '밝고 활기찬 하루를 보내시기 바랍니다.'라고 한다. 이 멘트는 나에게 파이팅 응원을 해주는 메시지이다. 라디오의 메시지가 얼른 듣기에는 평범한 것 같지만, 하루를 살아가는데 의미 있는 지침을 주고, 적극적으로 삶을 이끌도록 하는 촉진제 역할을 한다.

새벽 일찍 일어나면 단점보다 장점이 훨씬 많다. 단점은 단 한 가지 잠을 좀 적게 자는 것뿐이다. 반면에 시간의 확보, 맑은 공기, 업무 해소, 자기계발, 하루의 여유, 애국가 청취 등 장점이 많다. 새벽시간 활용은 하루 동안 사용할 에너지를 장전하는 시간인 셈이다. 또 정상 근무시간인 9시가 되기 전까지의 몇 시간은 낮 시간보다 몰입이 잘 되어 노력 대비 성과의 극대화 효과가 있다. 내가 일찍 출근하는 이유 중 매력을 느끼는 하나는 텅 빈 도로를 막힘없이 달리는 쾌감이다. 나의 미래가 이처럼 확 뚫린 탄탄대로처럼 될 것이라는 희망이 있다.

기상을 빨리하게 된 것은 새벽 기도를 하기 위해서이다. 결혼 생활과 부모 역할 등 기도할 것이 많았다. 새벽마다 우리 가족의 안위와 복을 기원했다. 또 주경야독으로 직장과 학교를 병행하게 되면서 새벽시간을 많이 활용했다. 이런 생활습관이 새벽형 인간으로 만들었다. 이후 공부를 다 마치고 나서도 자연스럽게 사무실과 연결되어 출근을 빨리하게 되었다.

세계적으로 성공한 사람들의 공통점은 바로 새벽시간을 활용한다는 점이다. 이들은 새벽시간을 활용하기 위해서 하루 수면시간을 4~5시간 정도 취한다. 애플의 CEO 팀 쿡은 새벽 3시 45분, 제록스의 CEO 우르술라 번스도 새벽 5시 15분, 펩시콜라 CEO 인드라 누이는 새벽 4시에 일어난다고 했다. 그 외 GM의 메리 바라와 핌코의 빌 그로스, 그리고 스타벅스의 하워드 슐츠는 새벽 6시에 출근했다.

사람은 누구나 잠을 자도록 설계되어 있다. 나이가 어릴수록 하루에 자는 시간이 길고, 자랄수록 짧아진다. 성인은 하루에 대략 5~8시간 정도 수면을 취하면 이상적이다. 크게 성공하고 싶고, 하고 싶은 일들이 많다고 하더라도 수면시간에서 다 빼내 쓸 수는 없다. 그러나 분명한 것은 성공을 해내기 위해서는 결국 수면시간을 줄일 수밖에 없다. 건강 유지를 위한 최소한의 수면 시간을 제외한 그 외의 시간을 꺼내 쓰면 된다. 사용할 시간대를 세포들이 하루 일과로 지쳐있는 저녁시간보다, 수면으로 충전된 때인 새벽시간을 사용하는 것이 좋다. 새벽시간은 시간 투자 대비 생산에 효율적인 결과를 얻을 수 있다.

인간에게는 본능과도 같은 식욕, 성욕 그리고 수면욕 세 가지 욕구가 있다고, 심리학의 창시자인 프로이트가 주장한 바 있다. 이 세 가지는 인간의 기본적 욕구인 셈이다. 인간이 살아있는 한 이것으로부터 자유로울 수 없다. 이 중 잠은 누구나 하루 일정 시간 수면을 취해야 한다. 그러나 성공한 인생을 만드는데 시간이 핵심이라 잠을 줄이고, 그 시간을 더 활용해야 한다. 그러므로 잠자는 시간을 줄이면서도 건강과 성공을 동시에 해결하는 묘안을 찾는 것이 지혜이다.

수면시간에 대해 로이터 통신 보도를 인용한 기사에 '수면 시간보다 규칙적인 수면이 더 중요하다.'는 내용이 있다. 미국 듀크대학 메디컬센터의 아동 발달 · 행동 건강학 교수 연구팀이 성인 약 2천 명을 대상으로 10년 동안 진행한 수면습관과 건강 조사자료를 분석한 결과에서 "주말을 포함하여 매일 자고 일어나는 시간이 일정한 사람은 수면 사이클이 불규칙한 사람에 비해 체중과 혈당, 혈압이 낮고 심장병과 당뇨병 위험도 적은 것으로 나타났다. 수면은 지속시간과 규칙성, 저녁형 또는 아침형 인간 등 3가지로 구분했을 때, 규칙성이 건강 상태와 가장 연관성이 큰 것으로 밝혀졌다."고 했다. 우리나라 국립암센터 국제암대학원 대학교 명승권 교수 연구팀과 명지병원 김홍배 교수 연구팀의 연구결과에서 "하루 수면시간이 8~9시간 이상인 사람은 7~8시간 자는 사람에 비해 치매 발병 위험성이 42% 높은 것으로 나타났다."고 했다. 잠을 너무 많이 자는 것도, 너무 적게 자는 것도 건강에 좋지 않은 것이다. 그러나 개인에 따라 수면시간은 적정시간보다 많을 수도 있고, 적을 수도 있다.

앞의 연구 결과들을 보면 미국 듀크대학 연구팀에서는 인간의 건강에는 수면의 양보다 수면의 규칙성이 더 중요하다는 결과를 내놓았다. 또 국립암센터 국제암대학원 대학교 명승권 교수 연구팀은 성인은 하루에 7~8시간 정도가 일반적인 적정 수면시간이라고 했다. 잠을 좀 적게 잔다고 건강을 해치는 것은 아니라 오히려 잠을 많이 자면 치매 확률이 높다는 연구결과가 나온 것이다. 연구결과를 종합해보면 1일 수면시간이 너무 많아도, 적어도 건강에 좋지 않으므로 수면시간을 대략 5~8시간 정도로 규칙성 있게 수면을 취하는 것이 건강에 좋다는 것이다.

잠은 인간생활에 매우중요하다. 잠은 건강과도 밀접하지만, 일상생활에도 많은 영향을 미친다. 하루 24시간 중 잠자는 시간을 제외한 나머지 시간을 활용해서 활동해야 한다. 이루고 싶은 꿈이 있고, 목표가 있는 사람은 결국 잠을 줄이고 시간을 활용해야 한다. 수면의 시간을 어떻게 분배하느냐에 따라 인생의 크기와 모양도 달라질 것이다. 어떤 일에 효율적이고 효과적인 결과를 얻기 위해서는 하루 24시간 중 하루 활동에서 에너지가 방전된 저녁때보다 에너지가 채워진 새벽시간을 활용하는 것이 좋다. 새벽은 머리가 맑고 주위 환경으로부터 소음이 없어 아이디어 생산이 용이하고 일에 몰입하기 좋은 시간이다. 새벽시간 활용은 세상을 통째로 접수하는 것과 다름없다.

03

이미 이룬 것처럼 행동하라

의심스러운 일을 시작할 때라도 된다는 믿음만 가지면,
반드시 성공적인 결과를 얻게 된다.

- 윌리엄 제임스 -

"엄마! 1년 동안 세계여행할 거예요"

"직장은 괜찮니?"

"걱정 안 하셔도 됩니다. 제가 알아서 할게요."

"위험한 지역에는 가지 말고. 어디에 있든지 살아만 있으면 된
다. 잘 갔다 와요!"

"네 조심할게요."

얼마 전 막내와의 전화 통화 내용이다.

부모는 죽기 전까지 자식의 안위를 챙기게 된다. 아이들이 직장을 다니기 전에는 안전과 돈에 대한 걱정이 많았지만, 지금은 안전에 대한 것만 챙기면 된다. 그래서 여행지가 위험한 곳이 아니라면 적극 지지해 준다. 나는 아이들에게 하고 싶은 것은 다 해보아야 한다고 늘 가르쳤다. 이러한 환경에서 자란 아이들은 어떤 일이든지 눈치 보지 않고 스스로 결정을 잘 한다. 자신의 삶에 충실히 살고 싶은 것이다. 또 불확실한 미래에 밑천을 만들기 위해 여행을 택한 것이다. 이는 큰 용기이고, 도전이다. 외부의 조건이 어떻든 인생을 만들어 가는데 자신이 무조건 주체적이어야 한다. 그래서 이런 결정에 대해 마음으로 힘을 실어준다.

　　아이들에게 어릴 때부터 "억대 연봉자가 되어야 한다."는 말을 자주 했다. 이는 '성공한 사람이 되어야 한다.'는 말을 에둘러서 한 것이다. 이런 말을 계속 듣고 자란 아이들은 직장에 들어가면 무조건 '억대의 연봉을 받아야 한다.'는 생각이 잠재되어 있었던 것이다. 현재 아이들은 미국에서 억대 연봉을 받으며 직장에 다니고 있다. 큰 아이는 세계 4대 회계법인 중의 하나인 KPMG에 회계사로 근무하고, 막내는 유명 광고 회사에 근무한다. 아이들이 모두 억대 연봉을 받을 수 있었던 것은 자신의 욕구를 연봉 체결 때 제시한 결과이다. 큰 아이의 경우는 한차례 경력을 내세우기라도 했지만, 막내는 첫 직장에서 통 큰 요구를 한 것이다. 회사는 막내가 요구한 연봉만큼의 실력이 있을 것이라고 믿고 계약을 체결한 것이다. 사실 자신에 대한 능력 검증이 안 된 상태로 자신이 받고 싶은 금액을 요구한 것인데, 그것이 현실이 된 것이다. 사람들은 일반적인 기준의 틀을 벗어나는 것을 두려워한다. 그러나 세상은 자신이 원하는 것만큼 사용할 수 있다. 미리부터 '안 될 것이다.'라는 생각을 하고 아예 행동하지 않는다면 1의 결과도 없다. 가능성이 없어도 용감하게 시도해보면 신기하게 좋은 결과를 얻는다.

통 큰 배짱이 나올 수 있었던 것은 사람과 환경에 눈치 보지 않고 자기 소신대로 행동했던 용기가 있었기 때문이다. 그 용기를 갖기까지는 어려운 환경에서 공부하며 터득한 경험도 있었겠지만, 생활의 지침으로 반복해서 많이 들었던 말에 영향을 받은 것이다. "사람과 환경에 눈치 보지 마라. 자신의 삶을 만드는 주인공은 바로 자신이다. 어떤 일을 하든지 자신이 주체적이어야 한다. 생활 중 문제가 생기는 것은 이를 통해 그릇을 키우고자 하는 것이므로 두려할 필요가 없다. 세상의 일은 모두 감당할 만한 문제만 있다. 문제를 풀기 위해 행동하고, 포기하지 않는다면 반드시 미래를 보장 받는다."고 아이들에게 늘 말했다. 어떤 문제가 생기면 해결한 것처럼 결과에서 행동하라는 것이다. 대부분의 사람들은 이미 정해져 있는 기준에 익숙해져 있어 전례를 따르려 한다. 전례를 따르는 것은 안전하기는 하지만 자신의 삶은 없는 것이다. 그래서 무엇을 하나 하더라도 주변 사람과 환경에 눈치를 보게 된다. 이렇게 삶을 살다 보면 단 하나뿐인 자신의 인생을 일류가 아닌, 남 따라다니며 살게 되는 이류 인생으로 살게 된다.

삶은 꿈이 있다. 꿈을 이룬 것처럼 행동하면 목표 달성에 성공할 수 있다. 세계적인 액션스타이면서 캘리포니아 주지사를 지낸 아놀드 슈왈제네거는 본래 오스트리아 출신으로 영어도 어눌하고 건강한 체질이 아닌 아주 약골이었다. 그는 아버지의 권유로 15세 때부터 보디빌딩을 시작했다. 그는 16세 때 미스터 유니버시아드 최연소 챔피언을 되었고, 20세 때에 명실공히 세계 챔피언이 되었다. 그리고 1969년 《헤라클레스 인 뉴욕》에 출연하면서 영화배우가 되었다. 그는 1986년에 존 F. 케네디의 질녀인 NBC 방송 앵커 마리아 슈라이버와 결혼해 케네디가의 사람이 되면서 정치에 입문하는 발판을 마련했다. 그리고 2003년 캘리포니아 주지사에 당선되었다. 그는 운동을 시작하면서 자신의 꿈 세 가지(영화배우, 케네디가의 여인과 결혼, 캘리포니아 주지사)를 책상 위에 써 붙여 놓았다고 이후 꿈을 다 성취했다. 그는 주지사에 당선된 후 인터뷰에서 "나는 오래전부터 이 모든 것이 이뤄질 것을 알고 있었다."고 고백했다.

그가 가슴에 품었던 꿈들은 도중에 포기하지 않고 이룰 수 있었던 것은 이후에 이룰 결과를 생각한 것이 아니라 이미 이루어진 결과에서 생각했기 때문이다. 그래서 힘든 역경에도 참고 이겨 낼 수 있었던 것이다. 우리가 보는 성공은 성공 그 자체이다. 그러나 성공을 이룬 자들은 그 이면에 땀과 눈물과 노력이 있었다. 뜻이 있으면 길이 생기는 법이다. 세계적으로 유명한 성공학의 대가인 브라이언 트레이시는 "성공도 우연이 아니고, 실패도 우연이 아니다. 성공하는 사람은 성공에 이르는 일을 하는 사람이고, 실패한 사람은 그런 일을 하는 데 실패한 사람이다."라고 했고, 또 "성공이란 해가 동쪽에서 떠서 서쪽으로 지는 것처럼 예측 가능한 일입니다."라고 했다. 그의 말처럼 성공을 할 사람인지, 그렇지 않을 사람인지, 스스로 안다. 자신의 하루하루를 어떻게 만들 것인지 알기 때문이다. 세상에는 공짜는 없다.

어떤 아이디어가 생각났을 때도 마찬가지다. 그 아이디어를 성공시키려면 시작과 끝만 생각해야 한다. 아이디어가 떠올랐을 때, 그것을 잘할 수 있는 적기는 바로 생각한 그때이다. 왜냐하면, 그에 대해 이루고자 하는 열망의 에너지가 가장 세기 때문이다. 그러므로 생각하면 바로 실행해야 한다. 주변인들의 조언을 절대로 받지 말아야 한다. 조언을 받다 보면 장점보다 단점을 내세워 초심을 흔들어 놓는다. 따라서 어떤 일을 하고자 하면 초심의 힘으로 바로 시작해야 한다.

세계 최고의 억만장자 빌 게이츠도 이런 말을 했다. "인생은 등산과도 같다. 정상에 올라서야만 산 아래 아름다운 풍경이 보이듯 노력 없이는 정상에 이를 수 없다." 그는 인생을 등산에 비유하고 꿈의 달성을 산꼭대기를 비유했다. 맞다. 정상에 올라가면 시야에 들어오는 모든 곳이 내 것 같은 느낌을 받고, 아름다운 풍경을 선물을 받는다. 그 선물은 산 아래에서는 받을 수 없다. 선물을 받기 위해서는 숨 가쁘고, 다리 아픈 것을 참는 인내가 있어야 한다. 꿈을 이루기 위해서는 이런 과정을 거쳐야 가능하다. 목표를 위해 행동하고, 힘들어도 포기하지 않으면 된다. 성공했던 사람은 모두 포기하지 않고 끝까지 해낸 사람이다.

성공하고 싶다면 성공한 사람처럼 행동해야 한다. 비근한 예로 집을 구입할 때에도 융자 없이 자기 돈이 모일 때까지 기다리면 평생 가도 자기 집을 장만하지 못하는 경우가 생긴다. 그러나 금융권의 융자를 이용해 집을 구입하면 집이 하나 생긴다. 융자금은 10년, 20년간 상환조건에 따라 갚아나가면 된다. 우리의 인생도 이와 같은 원리를 타면 성공은 따 놓은 당상이 된다. 성공을 쉽게 하는 사람이 없다. 세상은 공짜가 없기 때문이다. 과거와 미래에 상관없이 현재에 되고자 하는 사람이 미래의 주인공이 된다. 꿈을 품은 자신을 믿고, 해낼 수 있다는 각오로 행동하면 된다. 성공자가 되기 위해서는 성공의 지름길은 이미 이룬 것처럼 행동하는 것이다.

04

생각을 바로 행동하라

내 인생,
우물쭈물하다가 이렇게 끝날 줄 알았다.

- 조지 버나드 쇼 -

"게으른 행동에 대해 하늘이 주는 벌은 두 가지이다. 하나는 자신의 실패이고, 또 다른 하나는 내가 하지 않은 일을 해낸 옆 사람의 성공이다." 프랑스의 소설 극작가 쥘 르나르의 말이다. 이 말은 정신을 바짝 들게 하는 메시지이다. 하늘에서 게으른 사람에게 주는 벌 두 가지를 선물 받는다면 인생사 가장 치명적이다. 우리는 옆 사람이 성공했을 때 박수도 치고 축하도 해준다. 그러나 정작 내 안의 또 다른 나는 그렇게 수긍하지 못한다. '박수를 치는 사람이 아니라 박수를 받는 사람이 되어라.'라고 반문할 것이다. 그래서 나온 속담이 '사촌이 논을 사면 배가 아프다.'라는 말일 것이다. 결국은 게으름은 게으름을 낳는다. 일을 하지 않는 사람은 한없이 시간이 많음에도 할 일을 찾지 못하는 반면, 일을 즐기는 사람은 몸이 열 개라도 일을 다 처리하지 못한다.

신은 인간에게 세상을 줄 때 누구에게나 같은 시간을 분배해 주었다. 그러나 인생의 끝자락에서 결산을 해보면 어떤 사람은 성공이라는 선물을 받고, 어떤 사람은 빈손이다. 이것은 누구의 탓도 아니다. 일상의 생활을 재료로 만든 결과이기 때문에 한 치의 오차도 없다. 영어의 몸이 아니라면 모두 자신이 한 노력의 대가를 받는 것이다. 출생에는 선택권이 없기 때문에 가난하게 태어난 것은 자신의 잘못이 아니지만, 가난하게 죽는 것은 자신의 잘못이다. 세상에는 공짜란 없다. 노력은 배신하지 않는 법, 행동하면 반드시 결과가 있다. 원하는 좋은 결과를 받기 위해서는 부지런한 행동이 우선되어야 한다. 변명과 상관없이 결과는 정직하다.

나는 어떤 생각이 떠오르면 직관적으로 결정하고, 바로 행동한다. '조금 있다가 하자! 내일 하자!'는 없다. 그리고 남들이 정해 놓은 기준보다 내 기준을 우선시한다. 또 일을 시도할 때 환경과 사람의 눈치를 보지 않는 것이 나의 단점이자 장점이다. 인생은 내가 만들어야 할 의무와 책임이 있기 때문에 양보가 어렵다. 생각이 떠오르는 그 순간이 가장 의욕이 충만하고, 에너지의 강도가 가장 세다. 그렇기 때문에 행동하는데 망설임이 없다. 행동하기 가장 좋은 최고의 적기는 생각이 떠오르는 바로 그때이기 때문이다.

존재함의 의미는 곧 행동이다. 생명이 없는 것은 움직이지 않는다. 행동한다는 것은 살아있다는 증거이기도 하다. 우리는 간혹 '나는 할 줄 안다.'라고 말할 때가 있다. 생각을 수천 번 한다 해도 단 한 번의 행동이 없다면 할 줄 모르는 것이다. 머리로만 할 줄 아는 것은 한낱 일장춘몽에 불과하다. '나는 할 줄 안다.'고 한 말은 행동의 태도를 의미하는 것이다. 어떤 일을 생각하면 저항세력이 점령하기 전에 빨리 행동해야 한다. 알짜 인생을 만들기 위해서는 자신이 주체적이어야 한다. 내가 정한 기준이 옳든, 그르든 그에 대한 평가도 내가 해야 한다. 모든 생각은 행동으로 옮길 때만 비로소 생명이 부여된다.

나는 하루의 일과를 맑은 새벽 공기를 마시면서 시작한다. 직장에 일찍 출근해서 먼저 나와 가족의 미래와 오늘에 대한 안녕을 기도한다. 2004년 8월 어느 아침 문득 막내를 가정환경과 사춘기 등을 고려해 중국으로 유학을 보냈으면 하는 생각이 들었다. 그런 마음이 들고 바로 유학원 원장과 중국을 잘 아시는 분에게 전화를 걸어 현지 상황을 알아보았다. 이분들은 이구동성으로 중국이 사회주의 국가이기는 하지만, 2008년 베이징올림픽 유치로 문호가 많이 개방될 것이라며 중국 유학을 적극 권했다. 지리적으로 가깝고, 교육비가 적고, 베이징올림픽 개최 등 유학을 보내는 것도 괜찮겠다고 판단해 아이에게 전화를 걸어 의사를 물어보았다. 막내는 유학에 관해 한 번도 대화를 해본 적이 없었던 터라 망설임 없이 단호하게 "안 갈 거예요."라고 했다. "생각할 시간을 일주일 주겠다."고 했고, 막내는 3일 만에 "유학 보내주세요."라는 답을 주었다. 유학을 보내기로 생각한 지 보름 만에 막내를 중국에 데려다주었다.

이듬해 큰 아이를 미국으로 유학 보낼 때도 마찬가지였다. 명문 대학에 법대 수시전형을 목표로 열심히 공부하며 자기관리를 잘하던 아이가 어느 날 "엄마 놀라지 마세요. 나 서울에 있는 대학에만 들어가도 성공했는지 아세요."라고 했다. 이 말을 듣는 순간 계획한 것에 차질이 생겼다는 것을 직감했다. 이 말을 할 때에는 이미 자신의 계획에 자신감을 잃었다는 것이기 때문에 '좀 더 열심히 공부해 보아라.'는 말은 의미가 없다. 이때 부모가 해야 할 일은 아이가 상처를 많이 받기 전에 하루라도 그 환경을 벗어나게 해 주는 것이다. 대안책이 없을까? 생각 끝에 자녀를 미국에 유학시키고 있는 지인을 만났다. 집으로 돌아오는 길에 전화로 아이에게 유학 말을 꺼냈다. 아이는 현실을 도피하고 싶은 차에 유학 말을 꺼내니 너무 좋아했다. 큰 애도 이렇게 보름 만에 미국으로 출국시켰다.

우리 집 경제 형편과 아이들의 유학은 별개의 문제이다. 가정 경제가 좋지 않다고 해서 꿈도, 이상도 없는 것은 아니다. 그리고 더 나은 교육을 시키지 말아야 하는 법도 없다. 뜻이 있으면 길이 열린다는 말이 있다. 막내의 유학비를 대느라 어려운 상황에서 큰 아이까지 유학 보내겠다는 발상은 상상을 초월한 결정이다. 그러나 행동에 앞서는 결과는 없다. 나는 그 진리를 알기 때문에 일단 행동으로 옮겼다. 공부를 시키다가 경제적 지원을 못 하게 될 상황이 생기면 그것은 그때 방법을 찾으면 된다는 생각을 했다. 나에게는 어떤 일을 생각하면 일단 저질러 놓고 보는 배짱이 있었다.

'행복을 그리는 철학자'라 불리는 앤드류 매튜스는 이런 말을 했다. "지금까지 당신이 아름다움과 감동, 기적과 마법을 충분히 누려 왔다 해도 오늘부터 결심하는 것만으로 더 많은 것을 누릴 수 있다. 매일, 매 순간, 선택은 당신 몫이다. 누군가 해야 할 일이면 내가 하고, 내가 할 일이면 최선을 다하고, 어차피 해야 할 일이면 즐겁게 하고, 언젠가 해야 할 일이면 지금 바로 하라. 당신이 어디 서 있건 지금이 바로 시작할 때이다. 오늘 당신이 기울이는 노력이 분명 세상을 바꾼다." 또 토마스 아켐피스도 "지금이야말로 일할 때다. 지금이야말로 싸울 때다. 지금이야말로 나를 더 훌륭한 사람으로 만들 때다. 오늘 그것을 못하면 내일 그것을 할 수 있는가."라는 명언을 남겼다.

이들이 주는 교훈은 오늘 할 일은 오늘 끝내고, 내일로 미루지 말고, 지금 바로 해야 한다는 것이다. 오늘 할 일을 내일로 미루면 내일 할 일은 다음날로 미루어진다. 즉, 하루의 밀림이 모이게 되면 결국 1년, 5년, 10년이 밀릴 수 있다. 그리고 조금 있다가 시작해야 겠다고 생각하는 순간 다른 일에 시간을 빼앗길 공산이 크다. 그래서 해야 할 일이라면 바로 해야 한다. 인생을 밀리게 하고 싶지 않으면 오늘을 미루지 말아야 한다. 또 지금 바로 하지 않으면 현실과 타협하게 된다. 현실과 이상의 간극이 크면 클수록 더욱더 그렇다.

시간을 지체하는 순간 현실을 인지하게 되고, 또 주변 사람들로부터 영향을 받게 되어 흐지부지될 가능성이 크다.

꿈은 꿈일 뿐, 현실과 아무 상관이 없다. 어차피 하고 싶고, 해야 할 일이라면 내일로 미루지 말아야 한다. 시도해 보았다가 그 길이 아니면 되돌아오면 된다. 지난 과거의 시간도 잃은 시간은 아니다. 삶의 추억이 되고, 교훈이 된다. 실패를 두려워할 필요가 없다. 인생은 실패의 계단을 밟으면서 성공을 낳기 때문에 실패도 성공의 일부분이다. 어떤 일에 성공하고 싶으면 생각하는 순간 바로 행동으로 옮겨야 한다. 이때가 최고의 힘이 나오기 때문에 일을 착수하기 좋은 적기다.

05

멘토는 엑스트라! 나는 주인공!

신은 나에게 나 자신을 맡겼다.

- 에픽테토스 -

'이제 성인인데 알아서 할 때가 됐다.'는 말이 있다. 어른이 되면 무엇이든지 알아서 척척 다 해낼 줄 알았다. 어린 시절 나는 빨리 어른이 되고 싶었다. 내가 성인이 되고, 어른이 되면 모든 일을 일사천리로 다 해낼 줄 알았다. 그러나 그것은 엄청난 오해였다. 어릴 때에는 어린이가 해 낼 수 있는 일만 해내면 되고, 어른이 되면 어른이 해내야 하는 일을 해야 한다. 인생은 문제로부터 만들어진다. 그러므로 내 앞에 닥친 문제는 내가 풀어야 하는 문제인 것이다. 오늘은 새 날! 새 날에는 새 일이 있다. 새 일 앞에는 누구나 초보자가 된다. 그러나 처음 해보거나 새로운 일을 누군가 조금만 거들어주면 그 일을 수월하게 해낼 수 있다.

우리 속담에 '소도 비빌 언덕이 있어야 한다.'는 말이 있다. 혼자 있으면 외롭고, 함께 있으면 괴로운 게 인생이다. 이에 대해서 '이거다.'라고 답을 콕 찍어 말해줄 수 있는 사람은 아무도 없다. 처음 해보는 일에 있어서 스승은 경험자이다. 먼저 경험한 사람을 디딤돌로 삼는다면 수월하다. 누구나 직접 경험해 보기 전에는 결과에 대한 불확실성 때문에 불안감이 있다. 이때 경험자에 대한 믿음은 절대적이다. 때문에 부모, 스승, 성공자 등의 경험자들이 모두 멘토가 된다. 특히 자신이 꿈꾸는 분야 전문가의 조언은 꿈의 실현 가능성과 성장 가능성을 높여준다.

우리 일상생활에서 '멘토'라는 말을 자연스럽게 쓰고 있다. '멘토'는 본래 사람의 이름이다. 멘토의 어원은 오디세우스가 트로이 전쟁에 출정하면서 아들 텔레마코스의 교육을 그의 친구인 멘토에게 맡겼다. 오디세우스가 전쟁과 유랑에서 20년 만에 집으로 돌아왔을 때 아들이 훌륭하게 성장해 있었다. 멘토는 오디세우스가 없는 동안 탈레마코스에게 아버지로, 스승으로, 상담자로 역할을 하여 훌륭하게 성장시켰다. 그 때부터 존경하는 어른, 스승, 조언자를 가리켜 '멘토'라고 불렀다.

세계 유명인 중에도 최고의 멘토를 만난 사람들은 많다. 그중 대표적인 사람이 헬렌 켈러이다. 생후 19개월 만에 보지도, 듣지도, 말하지도 못하는 맹농아자였지만 스승 앤 설리번을 만나면서 인생이 달라졌다. 이후 장애를 극복하고, 작가가 되고, 교육자가 되고,

216

사회운동가가 되었다. 그가 남긴 수많은 저서 중《사흘만 볼 수 있다면》등은 우리에게도 익숙한 책이다. 그에게 사흘만 주어진다면 보고 싶었던 것이 있었다. 그것은 "첫날에는, 사랑하는 이의 얼굴을 보고 싶어 했고, 둘째 날에는, 밤이 아침으로 변하는 기적을 보고 싶어 했고. 셋째 날이자 마지막 날에는, 사람들이 오가는 평범한 거리를 보고 싶어 했다. 그가 그토록 간절히 보고 싶어 했던 것은 우리에게는 너무나 평범한 일상이다. 우리에게 하루의 소중함과 감사를 알게 한 대목이다.

그녀가 성공할 수 있었던 것은 멘토의 역할이 컸다. 멘토의 헌신적인 사랑과 교육이 있었기 때문에 훌륭한 사람이 된 것이다. 그녀가 하버드 대학에 다닐 때는 모든 수업에 함께 해 주었다. 앤은 그녀에게 "시작하고 실패하는 것을 계속하라. 실패할 때마다 무엇인가 성취할 것이다. 네가 원하는 것은 하지 못할지라도 무엇인가 가치 있는 것을 얻게 되리라."는 조언을 해주었다. 언제나 실패할 수 있고, 실패하더라도 그 속에는 가치 있는 것들이 있다고 했다. 그녀는 "항상 사랑과 희망과 용기를 불어넣어 준 앤 선생님이 없었으면 저도 없었을 것입니다. 만약 제가 볼 수 있다면 가장 먼저 설리번 선생님을 보고 싶어요."라며 고마운 앤 선생님을 간절히 보고 싶어 했다.

사람은 태어나면서부터 사회의 구성원에서 벗어날 수 없는 필연적 합류체가 된다. 어린 시절 부모의 보육과 교육이 끝나면 홀로 사회에 진출하게 된다. 이때 사회생활을 하다 보면 시시 각각 힘든 일이 생길 때가 있다. 그때 나를 이해해주고 나를 성장케 해줄 멘토가 있으면 좋다. 나에게 맞는 멘토는 어떤 사람이 좋을까? 사실 멘토를 삼으려고 생각하면 딱히 떠오르는 사람이 없는 경우가 있다. 멘토를 찾기 위해선 먼저 스스로 자기 자신이 무엇인가를 해보겠다는 마음가짐이 필요하고, 이를 향해 최선의 노력을 하고 있을 때만 그에 적합한 멘토가 보일 것이다. 성공자의 멘토를 보면, 그 사람의 스승과 아바타 같이 많이 닮아 있다. 멘토를 정하는 데는 신중을 기해야 한다. 그러나 멘토가 있다 하더라도 모든 것을 직접 해야 한다. 다만 용기를 내도록 하는데 촉매제 역할을 해준다.

나에게도 힘들 때 기댈 수 있는 사람이 있다. 신앙적 멘토이다. 벌써 20년을 훌쩍 넘어 마음에 위안이 되는 분이다. 그동안 가정과 아이 교육 문제로 늘 고민이 많았다. 그 고민의 시간이 내 인생의 양과 같다. 그분은 특별하게 나에게 조언을 해주지 않는다. 조언을 안 하는 게 조언이다. 내가 힘들 때 하소연을 하면 "그렇구나. 힘들었겠다."라는 추임새만 부지런히 넣어주고, 내 말을 공감해 준다. 이때 고민은 어느 정도 완충되고, 나는 새 힘을 받는다. 나에게 일어난 상황은 내가 가장 잘 알기 때문에 그 문제를 풀 해법도 내가 가지고 있는 것이다. 그래서 '이렇게 하면 좋겠다. 저렇게 하면 좋겠다.'는 자신의 정서에 맞춰서 조언을 하지 않는다. 현명한 멘토인 셈이다. 왜냐면, 내 상황은 내가 가장 많이 알고 있고, 그에 대한 답도 내가 낸 답이 가장 정답이 될 것이기 때문이다. 고민을 들어만 주고,

스스로 해결할 수 있도록 본인에게 맡겨둔다.

삶이란 누구에게는 쉽고, 또 누구에게는 어렵다. 각자의 삶이 다르기 때문이다. 남의 깊은 병보다 내 감기가 더 큰 아픔이 될 수 있듯이 언제나 자신에게 닥친 일은 힘이 든다. 내가 열악한 환경에서 살아남고 생활에 열정이 있었던 것은 성경 말씀과 자기 계발서의 영향이 크다. 성경 말씀은 버릴 것과 채울 것을 판단하는 지혜를 주었고, 자기 계발서는 성공한 사람의 스토리를 통해 용기를 얻도록 해주었다. 신앙과 책을 통해 깨달음을 얻고, 이를 긍정적으로 활용한다면 더 이상 좋은 멘토는 없다. 그래서 멘토 역할을 사람만이 가능 한 것은 아니다.

영국의 소설가인 로렌스는 이런 말을 했다. "어른들은 자기가 겪은 많은 경험으로 젊은이를 가르치고 교훈을 주려 하지만, 아직 경험이 없는 젊은이들에게는 별로 실감이 나지 않는 법이다. 가장 좋은 방법은 경험의 가르침이나 훈계보다 젊은이 자신이 스스로 발견하게 하는 것이다." 또 스페인의 작가이자 예수회 신부인 그라시안은 "위대한 스승은 제자에게 모든 기술을 다 가르치지 않는다."고 했다.

로렌스와 그라시안은 인생 선배가 먼저 경험했다고 해서 그 경험을 다 주려고 하지 말고, 스스로 개척해 나갈 수 있도록 해야 한다는 것이다. 사람은 태어나서부터 자연스럽게 멘토가 생긴다. 처음 만나는 멘토는 부모와 학교 선생님이다. 이때는 본인의 의사와 상관없이 멘토가 저절로 정해져 실행에도 대부분 도움을 받는다. 사회인이 되면 직장 선배가 멘토가 된다. 이때는 멘토는 미성년자일 때와 달리 문제를 푸는데 힌트만 준다. 모든 실행은 자신이 해야 하고, 그 책임도 자신이 진다. 멘토가 있더라도 결국 자기 힘으로 해내야 한다. 그래서 멘토에 대한 지나친 의지는 금물이다.

멘토는 자기 자신보다 더 훌륭한 사람은 없다. 왜냐하면, 존경 받는 사람이나 유명한 명사가 한 조언이라 할지라도 내게 딱 맞는 조언은 아니다. 그 조언은 조언자의 인생 경험을 통해 주관적 관점에서 나온 것이다. 나의 환경이나 정서 등 모든 상황을 가장 많이 아는 사람은 자신밖에 없다. 타인의 조언은 디딤돌로만 삼아야 한다. 인생의 참 리드는 자신이 되어야 한다. 결국 나의 미래는 결국 내 손에 달려 있다. 멘토는 엑스트라일 뿐, 내가 주인공이다.

06

선택하는 순간 반대쪽을 포기하라

선택은 순간이지만,
그 결과는 평생 영향을 끼칠 것이다.

- 엠제이 드마코 -

'순간의 선택이 10년을 좌우합니다.' LG 제품을 한번 선택하면 10년 동안 후회하지 않고 사용할 수 있다는 의미이다. LG전자의 전신인 금성사가 과거 80년대 초부터 사용했던 유명한 카피이다. 40~50대 이상의 주부들은 대부분 아는 광고 문구이다. 이 광고는 자사 제품에 대한 기술력과 신뢰성을 강조하는 메시지를 담고 있다. 지나간 10년은 짧게 느껴지지만, 다가올 10년은 길게 느껴진다. 이 제품을 한번 구입하면 오랫동안 신경 쓰지 않고 사용할 수 있고, 경제적 부담까지 덜어준다는 메시지가 주부들의 마음을 사로잡았다. 이 카피는 광고에 그치지 않고 유행어가 되었다.

순간의 선택은 어떤 제품만 해당되는 것이 아니다. 인생도 선택의 연속이다. 내가 선택하는 것이 곧 내 인생을 선택하는 것이다. 다시 말해 태어나면서부터 선택의 연속으로 목숨이 끊어지는 그날까지 오죽하면 프랑스의 철학자 장 폴 샤르트르는 "인생은 B(Birth, 출생)와 D(Death, 죽음) 사이 C(Choice, 선택)와 같다."라는 말을 남겼겠는가. 자신의 운명은 우연이 아닌 선택에 의해 결정된다. 순간의 선택으로 운명이 달라지기도 한다. 어릴 때에는 부모나 주변 어른들에 의해 선택이 이루어지다가, 성인이 되면 모든 선택권이 자신에게 넘어온다. 가전제품의 선택은 10년을 좌우한다고 하지만, 인생의 선택은 평생을 좌우한다.

로버트 마이클은 교육, 직업, 결혼, 자녀, 건강으로 본 선택의 경제학《인생을 결정짓는 다섯 가지 선택》에서 이런 말을 했다. "어른이 된다는 것은 어떤 뜻일까? 스스로 선택하는 권한을 행사하며, 선택과 더불어 사는 책임을 져야 한다는 뜻이다. 어린 시절에는 부모와 교사를 비롯해 다른 사람이 많은 결정을 대신 내려주었다. 하지만 성인이 되면, 자기 경계를 긋고 스스로 원하는 방향으로 선택의 틀을 잡는다. 자기 선택에 따라 행동하며 살아가는 책임을 지는 것은 다름 아닌 자신의 몫이다."

그는 인생을 결정짓는 선택을 다섯 가지로 크게 구분하였지만, 결국 개인의 모든 생활을 의미하는 것이다. 누구나 태어나면서부터 의식적이든, 무의식적이든 선택을 해야 반드시 다음 단계로 넘어간다. 미성년자 일때에는 부모나 학교선생님 등 어른들의 도움에 의해 선택을 했기 때문에 그에 따른 책임이 부모나 사회가 지는 반면, 성인은 누구의 강요가 있었든지, 본인의 선택이든지 상관없이 자신이 책임을 져야 한다. 그러므로 멋진 인생을 만들기 위해서 순간순간 어떤 선택을 할 것인지에 대해 신중함이 있어야 한다.

누구나 삶 가운데 선택했던 것들은 백사장 모래알처럼 많다. 그 선택의 큰 틀을 보면, 대학교를 선택하고, 직업을 선택하고, 결혼을 선택하고, 취미 등 선택한다. 눈을 뜨면서부터 잠들기 전까지 하루 종일 선택의 연속에 의해 다음으로 진행된다. 이 모든 일련의 선택들은 하루를 만들고, 인생을 만든다. 선택에는 탁월한 선택이란 없다. 선택 속엔 좋은 것과 나쁜 것이 함께 있기 때문이다. 선택을 한 후 어떤 행동을 하고, 어떤 결과를 얻느냐가 중요하다. 나는 공무원을 선택하고 힘든 과정도 많았지만, 국가에서 정년까지 인생을 책임져 주었고, 퇴직 시 대통령 사인이 있는 훈장도 받았다. 배우자의 선택도 30년을 함께 한 세월을 뒤돌아보면 대하소설 전집을 쓸 만큼 희로애락이 많았지만, 최고의 보호자가 되어준다. 자녀들의 공부 선택도 고통과 눈물의 연속이었지만, 자녀들이 원하는 직장에 들이가 잘 다니고 있다. 늦은 나이에 공부를 선택했지만, 최고 학위까지 취득했다. 이렇게 하나를 선택하고 나면 그 반대쪽을 분명히 포기해야 새로운 생산물을 만들어 낼 수 있다. 선택 후 반대쪽까지 욕심을 부렸다면 평범한 인생을 만들었을 것이다. 선택을 하고, 그 반대쪽을 과감하게 포기했기 때문에 멋진 인생의 주인공이 되었다.

인생에서 원하는 것을 얻기 위한 첫 번째 단계는 무엇을 원하는지, 결정하는 것이다. 내가 어떤 것을 원하고 있는지, 알고 있을 때만 다음 선택의 방향에 오류가 없다. 무엇을 원하는지 모른 상태에서 선택을 하게 된다면, 당장은 다른 방향으로 가고 있다는 것을 알아차리지 못하겠지만 끝에서 만난 인생은 내가 원했던 인생이 아닐 수 있다. 선택이라고 하면 거창하게 생각이 들 수도 있지만 아주 사소한 선택일 수도 있고, 삶의 크게 영향을 미치는 선택일 수도 있다. 직업 선택이라든지, 배우자 선택이라든지, 삶의 방향이라든지 이런 선택은 자신의 인생을 좌우할 만큼 큰 영향을 미친다. 그러나 사소한 선택이나, 큰 영향을 미치는 선택이나 모두 자신의 인생이 되는 원재료이다. 그러므로 내가 원하는 인생을 만들기 위해서는 분명하게 내가 원하는 것을 선택해야 하고, 선택을 한 후 그 반대쪽을 포기해야 내가 원하는 인생을 만들 수 있다.

독일 기상학자 알프레드 베게너는 "사람은 동시에 두 마리의 말을 탈 수 없으므로 이쪽 말을 타기로 결정했으면 반드시 다른 한쪽의 말을 버려야 한다. 똑똑한 사람은 무엇을 하기로 결정하면 다른 일에 에너지를 분산시키지 않고, 그 일에만 매진해서 좋은 결실을 맺는다."고 했다. 그의 말처럼 에너지를 분산하지 않으려면 하나를 선택하면 그 반대를 놓아야 한다. 옛말에 '한 번에 두 마리 토끼는 잡지 못한다.'라는 말이 있다. 반대로 '한 번에 두 마리 토끼를 잡아라.'라는 말도 있다. 전자는 동시에 두 마리 토끼를 잡을 욕심을 냈다가는 한 마리도 못 잡는다는 의미이고, 후자는 상황이 좀 어렵더라도 하는 김에 하라는 것이다. 두 마리 토끼를 다 잡고 싶지만, 어떤 것을 선택해야 유익한지 잘 따져봐야 한다. 분명한 성공을 위해서는 하나를 놓아야 한 곳에 몰입을 할 수 있다. 성공은 쉽게 이루어지는 것이 아니기 때문이다. 가장 큰 성과를 내기 위해서는 에너지의 분산을 막고, 선택한 것에 열정과 최선을 다해야 한다.

심리학자 어니 젤린스키의 《모르고 사는 즐거움》이라는 저서에 "걱정의 40%는 현실에 일어나지 않는 일, 걱정의 30%는 이미 일어난 일, 걱정의 22%는 사소한 일, 걱정의 4%는 우리 힘으로는 어쩔 도리가 없는 일, 걱정의 4%는 우리가 바꿔놓을 수 있는 일"이라고 했다. 진정한 걱정은 불과 4%에 불과하다. 이 연구결과를 보면 걱정의 96%는 쓸데없는 일에 대한 것이다. 자신의 진취적 발전을 위해서는 걱정에서 자유로울 필요가 있다. 어떤 선택을 할 때도 마찬가지이다. 직관적으로 바로 해야 한다. 그렇지 않으면 처음 마음먹었던 것이 훼손되면서 걱정이 많이 생기게 된다. 티베트 속담에 "걱정을 해서, 걱정이 없어지면, 걱정이 없겠네."라는 말이 있다. 걱정이 많으면 아무 일도 못한다. 세상에는 어떤 것도 다 좋은 것은 없다. 항상 좋은 것도 그 반대인 것도 동시에 일어난다. 그래서 일단 행동하고, 선택 후에는 반대쪽을 버려야 한다.

대부분의 사람들은 한 번 해 보았던 것을 잘하고, 또 그것을 계속 하려고 한다. 그것이 가장 안전하고 위험이 부담이 적다는 이유로 늘 하던 일만 하려고 하는 것이다. 익숙함에 속아 새로운 길을 가지 못한다면 성장은 없다. 새로운 길을 개척한다는 것은 힘들고 고달프지만, 기회가 많다는 사실이다. 누구나 마음만 먹으면 할 수 있고, 시도해보면 의외로 좋은 결과를 얻는다. 지나친 걱정은 내일의 일을 덜어주는 것이 아니라, 오늘의 힘을 빼앗아 간다. 우리가 성공이라고 하면 고위 직위에 올라가야 하고, CEO가 되어야 한다고 생각한다. 그러나 내가 품었던 꿈을 이루려고 열심히 생활을 한 것도 성공이 될 수 있다. 누군가는 "성공해서 최고가 되어 보니 그곳에는 아무것도 없었다. 내게 남은 것은 하루하루 최선을 다해 열심히 살았던 것이다."고 했다.

우리는 순간순간 선택에 의해 인생이 만들어진다. 선택이 좋은 결과이든 그렇지 않은 결과이든 모두 우리 삶을 성장하는데 자양분이 된다. 세상의 일은 객관식이 아니라 모두 주관식이다. 내가 어떤 선택을 할지, 그에 대한 답은 자기에게 최선의 답이 된다. 누구도 오답이라고 말할 자격은 없다. 우리는 죽기 전까지는 선택하지 않을 자유는 없다. 다만 선택 후 어떤 방향으로 행동하느냐가 중요한 것이다. 하나를 선택한 후 반드시 반대쪽을 과감하게 포기해야 한다. 클수록 더욱더 그렇다. 그래야 선택한 것에 몰입할 수 있는 환경이 주어진다. 몰입은 성공을 향한 견인차 역할을 하여 성과를 극대화 시킨다. 그러므로 선택하는 순간 반대쪽을 포기해야 한다.

07

'말씨'가 세상을 지배한다

인간의 눈은 그의 현재를 말하며,
입은 그가 앞으로 될 것을 말한다.

- 존 골즈워디 -

　인간관계에 있어 최고의 가치는 신뢰이다. 신뢰의 척도 1순위
는 바로 말이다. 말하는 사람을 '화자(話者)'라 하고, 듣는 사람은 청
자(聽者)라고 한다. 말의 목적은 말하는 것이 아니라 전하는 것이
다. 어떤 말을 했을 때 화자의 의도와 상관없이 청자는 자신의 정서
에 맞춰서 재해석한다. 그러므로 말을 할 때에는 자신의 주장을 말
하고자 하는 것인지, 상대방과 대화를 하고자 하는 것인지, 그 목적
을 분명히 하고 명확하게 말해야 한다. 그래야 말하고자 하는 목적
에 달성할 수 있다. 이때 상호 간에 생각이 일치하면 소통이 잘 되
고 있는 것이고, 그렇지 않으면 소통이 안 되고 있는 것이다. 이처럼

말은 사람과 사람 사이를 연결해주는 중요한 역할을 한다. 사람을 판단할 때 첫 번째 조건으로, 대부분의 사람들은 그 사람이 한 말을 기준으로 삼는 경향이 있다. 말이 그 사람의 마음을 비추어보는 거울 역할을 하기 때문이다.

말은 말하는 사람과 듣는 사람 모두가 영향을 받는다. 말은 상대에게 듣도록 하는 것으로만 생각하지만, 사실은 자기 자신도 함께 듣는다. 말이 상대에게 들릴 때에는 공기를 거쳐 들리고, 자신은 말하는 순간 바로 듣게 된다. 말을 듣는 1순위가 자신이고, 그다음에 상대가 듣는다. 일상생활 속의 말은 대부분 상대에게 전하고자 하는 메시지가 담겨있다. 말에 '권세가 있다.'라는 말이 있다. 이 말의 뜻은 보이지 않는 말에도 강한 힘을 가지고 있다는 말이다. 부모가 자식들에게, 선생이 학생에게, 자신이 자신에게 한다. 말도 씨앗처럼 어떤 목적에 뿌리면 결과물이 나온다. 따라서 성공하고 싶으면 희망적이고, 긍정적인 말을 많이 사용해야 한다.

'말이 씨가 된다. 발 없는 말이 천리 간다. 말 한마디에 천 냥 빚도 갚는다. 가는 말이 고와야 오는 말이 곱다. 길이 아니면 가지 말고, 말이 아니면 탓하지 마라. 낮말은 새가 듣고 밤 말은 쥐가 듣는다. 말이 입힌 상처는 칼이 입힌 상처보다 깊다. 말은 마음의 열쇠이다.'

이처럼 말의 중요성에 대한 속담이 수없이 많다. 자신을 움직이는 말! 내가 원하는 것을 성취하는데 말이 중요하다. 인간을 평가하는 지렛대로 삼는 말씨, 마음씨, 솜씨, 맵씨가 있다. 이 중에 '말씨'는 자신의 생활에 많은 영향을 끼친다. '씨'는 그 자체로 존재함의 목적이 아니다. 파종을 거쳐 싹을 틔우고, 줄기를 내고, 열매를 맺기 위한 것을 전제하는 것이다. '씨'는 세상에 뿌려질 때 자라게 된다. 그중에 사람은 죽는 그 순간까지 단 하루도 거르지 않고 '말씨'를 계속 뿌린다. 속담에 '말이 씨가 된다.'라는 말은 결국 뿌린 대로 거둔다는 의미이다. 자신의 삶을 영위하면서 여러 가지 방법 중 하나를 선택해서 자신의 인생을 만들어 간다. 이때 내가 선택한 것에 의해 성공도 얻게 되는 것이다. 성공의 결과는 선택의 결과인 셈이다. '말씨'로 성공에 파종하면 성공이 자란다.

세상 사람들을 그 사람을 판단할 때 말을 잣대로 삼는 경우가 많다. 한 말이 진실 된 말인지, 거짓된 말인지, 그에 따라 사람의 가치가 달라진다. 우리는 법을 어겼을 때보다 도덕에 기인한 양심을 어겼을 때 '그 사람 신뢰가 안가'라고 한다. 법을 지키지 않은 사람에게는 법에서 정한 벌을 준다. 그러나 도덕에 반한 행동을 한 사람에게는 모든 사람들로부터 벌을 받는다. 이 벌은 신용사회에서 도태되도록 낙인을 찍는다. 도덕의 주체는 자기 자신이므로 자신으로부터 나오는 모든 말과 행동은 단 1회라 할지라도 바로 자신의 것이 되고, 이것으로 자기 평가를 받는다.

인간관계는 부모와 자식사이든, 부부 사이이든, 친구지간이든,

사회에서 형성된 사이이든 신뢰가 무너지면 인간관계도 함께 무너진다. 그래서 사람들은 자신이 한말과 행동을 일치시키려 노력한다. 내가 원하는 것을 얻기 위해서는 행동이 뒤따라야 한다. 행동의 첫 단계는 말이다. 무엇인가 얻고 싶다면 자기 자신에게, 주변 사람에게, 세상의 환경에게, 말씨를 뿌려야 한다. 꿈에 대한 '씨'를 뿌려 놓으면 그것이 자란다. 그 씨가 자라게 하는 것은 바로 자기에게 인식시키는 일이다. 자기인식은 반복이 가장 강력한 힘을 발휘한다. 자기인식이 되면 자신이 무엇을 해야 하는지 분명하게 알게 되므로 그것을 향해 행동하게 된다. 꿈이 있고, 목표를 설정하면 주변 사람들에게도 말을 해야 한다. 그 말은 상대에게 한 말이기도 하지만, 자기 압박용이기도 하다. 사람들은 상대방에게 실없는 사람이 되고 싶지 않기 때문에 이런 원리를 이용하면 자신을 더욱 다잡을 수 있다.

중국어를 들어보지도 못한 막내를 중국에 유학 보내놓고 오매불망했다. 혹시 탈선을 할까 봐 하루도 빼먹지 않고 날마다 전화 통화를 했다. 그때 "너는 세계적으로 유명한 사람이 될 것이다. 네가 사용하던 물건은 하나도 버리지 마라. 나중에 박물관으로 다 보내야 한다."고 했다. 이 말을 어제도 오늘도 내일도 날마다 했다. 그 의도는 '크게 성공할 사람이니까 탈선하면 안 된다.'는 메시지이다. 그 덕분에 아이는 사지(死地)에서 꿈을 키우며 중학교를 무탈하게 졸업했다. 고등학교 진학에도 영어 기초가 없는 상태에서 영어공부와 경제적 상황을 고려하여 한인들이 없는 미국 북부지방 아이다호 주 보이시로 보냈다.

막내는 한인들이 없는 지역에서 생활하는데 어려움이 많았다. 무척 험난한 생활환경이었지만, 자신의 그림 3점이 박물관에 들어가면서 기(氣)가 살아났다. 아이가 독특한 상상력으로 그림을 잘 그려 그 작품이 당선되어 그곳 주(州) 박물관에 들어간 것이다. 중국 유학 당시 중국 문화 적응 시까지 지루함에서 벗어나도록 만화책을 사주었다. 만화책을 보면서 내용에 있는 그림을 곧잘 그렸다. 그때 그림 그리는 재능이 늘었고, 본인의 창작이 합쳐지면서 독특한 그림을 그린 것이다. 내가 아이에게 박물관 말을 할 당시 미국으로 공부를 보낼 것이라고는 단 1도 없었다. 다만 '탈선하면 안 된다.'는 메시지를 에둘러서 한 말이다. 그런데 미국까지 가서 현실이 된 것이다. 말의 씨는 뿌리면 자라난다는 것을 직접 경험한 것이다. 그래서 이때부터 나는 '말이 씨가 된다.'는 것을 더욱더 믿는다.

뉴욕 역사상 최초 흑인 주지사 당선된 로저 롤스에 대한 이야기이다. 그는 뉴욕 브루클린의 빈민가에서 태어난 흑인 소년이다. 어려서부터 늘 동네 아이들과 싸우고 학교를 무단결석을 하는 등 문제 학생이었다. 그가 다니던 초등학교에 피어 폴 교장으로 부임했다. 어느 날 피어 폴 교장은 그에게 "선생님이 어렸을 때 마을에 주술사가 손금을 보고 나에게 커서 선생님이 될 거라고 예언했다. 그런데 신기하게도 지금 난 이렇게 선생님이 되었다. 그래서 나도 손금을 보면 그 사람의 미래를 맞출 수 있다. 오늘 손금을 봐줄게."라고 하며 손금을 봐 주었다. 피어 폴 교장선생님은 손금을 본 후 그에게 말했다. "넌 커서 뉴욕의 주지사가 될 거란다."라고 했다.

그리고 40년 후 51세에 뉴욕 주의 53대 주지사로 당선되었다. 주지사 취임식에 몰려든 기자가 "주지사가 된 비결이 무엇입니까?"라고 질문했다. 그는 망설임 없이 "피어 폴 교장선생님의 칭찬 한 마디는 내 운명을 바꾸어 놓았습니다."라고 말했다. 그는 취임사에서 "비전을 갖는 데는 값이 그리 많이 나가지 않습니다. 선의의 거짓말에 대한 비전일지라도 마찬가지입니다. 하지만 일단 비전을 소유하고 계속 간직하고 있으면 그 가치는 급속히 올라가기 시작합니다. 나는 믿음대로 되리라고 믿었고, 그대로 되고 싶었습니다. 그 믿음을 단 한 번도 포기한 적이 없습니다."라고 말했다.

그가 성공한 삶을 만들었던 것은 피어 폴 교장선생님의 말 한마디가 꿈이 되었고, 그것을 믿었기 때문이다. 그때부터 그는 주지사가 되기 위해 나쁜 버릇을 버리고 행실을 바르게 살았던 것이다. 말의 위력은 대단한 것이다. 같은 말이라도 유의미하게 듣고, 실천하는 사람은 자기 인생을 바꿀 수가 있다. 한마디 조언이 한 사람의 꿈이 되었고, 그 꿈을 이루기 위해서 행동에 변화를 준 것이다. 성공한 사람들을 보면 어릴 때 선생님으로부터 들었던 칭찬이 씨앗이 된 경우를 여럿 보았다.

나의 제2 인생의 꿈은 불우이웃을 돕는 '기부재단'을 설립하는 것이다. 남들은 "퇴직 후에 무엇을 할 것인지 물어본다." 나는 망설임 없이 "기부재단설립을 할 것입니다."라고 말한다. 이를 위해 "책을 써서 '100만부 베스트셀러 작가'가 되어야 하고, 강연과 공연을 합친 새로운 형태의 강연을 만들어 '회당 1천만 원'을 받는 유명 강사가 되어야 한다."고 내 목표를 분명하게 밝힌다. 큰 목표를 성취하기 위해서 작은 목표도 세운 것이다. 말에 대한 위력을 믿고 있기 때문에 꿈을 스스럼없이 말한다. 이 말을 듣는 사람은 의아해 하는 사람도 있다. 그러나 내 꿈을 주저앉게 하지는 못한다. 꿈에 대한 말을 사람들에게 계속하는 것은 반드시 해 내겠다는 의지의 표현이기도 하다. 또 순간순간 내 속의 편안함을 유혹하는 저항세력들로부터 이기기 위한 처방이기도 하다.

나는 날마다 나 자신에게 꿈에 대해 말한다. 이것은 기도이다. 기도라고 하면 종교가 먼저 떠오를 것이다. 종교가 있는 사람은 기도를 빼고는 종교생활을 잘 한다고 말할 수 없다. 새벽 기도니 백일 기도니 하는 것은 정한 시간에 꾸준하게 신과 자기 자신에게 하고 싶은 말을 하는 것이다. 그러나 기도가 종교인들만이 국한되어 사용하는 용어는 아니다. 새해가 되면 해맞이 명소를 찾아 강릉 정동진이나 포항 호미 곶을 찾아가 자신의 미래를 기원하는 기도를 한다. 기도의 원리는 종교가 있는 사람은 자기 믿는 신 앞에서 하겠지만 종교가 없는 사람은 스스로 하게 된다. 원하는 것을 얻기 위한 여러 가지 방법 중 하나인 것이다. 새벽기도는 종교적인 의미를 변론으로 하고, 자기훈련이다. 운동선수들이 경기시합이 가까워오면 합숙훈련을 통해 강도 높은 훈련을 하고, 그에 따른 성과를 내듯이 개인의 성공도 자기훈련의 과정을 통해서 만들어 지는 것이다.

원하는 뭔가 있다면 말로 먼저 선포해야 한다. 자신과 세상을 향해 말을 해야 한다. 말은 의식이 항상 깨어있도록 하는데 효과가 있다. 꿈을 이루기 위해서는 일반적인 삶으로는 꿈을 이루기 어렵다. 그렇다고 꿈을 이루는 사람은 특별한 사람만이 해낼 수 있는 것은 아니다. 그러나 꿈은 반드시 이룰 수 있다고 믿는 사람에게는 가능하다. 꿈의 성취에 대한 믿음이 있다 하더라도 편안함의 저항을 이기고, 행동을 할 때만 결과가 있다. 성공에 이르기까지 미래에 성공한 자기를 상상하며 게으름을 끌어내고, 부지런한 행동을 채워야 한다. 이때 말로 행동의 마중물을 주어야 한다. 말은 꿈을 이루도록 행동을 촉진한다. 때문에 기도하는 간절한 심정으로 계속할 때 행동으로 전위된다. 그래서 '말씨'의 위력이 사람을 지배하게 되는 것이다.

08

작은 시작을 무시하지 마라

작은 기회로부터 종종
위대한 업적이 시작된다.

- 데모스테네스 -

"네 시작은 미약하였으나 네 나중은 심히 창대하리라."(욥8:7)

성경 말씀이다. 식당이나 기업체에 가면, 가장 잘 보이는 곳에 이 문구가 새겨진 액자를 흔히 본다. 이는 기독교 교인들이 주로 사용하기도 하지만, 꼭 그렇지만은 않다. 이 말에는 처음 시작할 때에는 보잘것없지만, 나중에는 크게 성공할 것이라는 전제가 깔려있다. 성공한 사람들을 보면 처음부터 큰돈을 들여 시작했던 사람도 있지만, 그 반대의 사람이 더 많다. 세계를 움직였던 세계 선도 기업도 작은 규모로부터 시작한 케이스가 많다.

휴렛 팩커드(HP)

실리콘 밸리의 1호 벤처기업으로, 스탠퍼드대 공대 동기 동창인 빌 휴렛과 데이비드 팩커드가 1939년 자본금 538달러(약 59만 원)를 가지고 창업했다. HP는 산업용 첨단 장비를 생산으로 출발하여 데스크탑, 랩탑, 휴대용 PC 등에 진출하였고, 우리가 잘 알고 있는 HP 프린터를 탄생시켰다. HP는 프린트 시장에서는 거의 독보적인 존재라고 할 수 있다. HP가 처음 사업을 시작한 곳은 실리콘 밸리의 팰로앨토의 차고이다. 지금은 이곳을 캘리포니아 주정부가 1989년 '캘리포니아주 지정 역사적 명소'로 지정되었다. 미국 연방정부 역시 '사적지'로 지정했고, HP는 박물관으로 만들었다. 실리콘밸리 하면 떠오르는 이른바 '차고 창업'의 원조도 바로 HP이다.

구글

구글은 정보량을 가장 많이 보유하고 있는 검색엔진이다. 스탠퍼드대학교 박사과정에 있던 래리 페이지와 세르게이 브린이 1998년 탄생시킨 회사이다. 컴퓨터를 사용하는 사람은 구글을 모르는 사람이 없을 것이다. 구글에 따르면, 매초 4만여 건의 검색이 진행되고 이는 하루 평균 35억 건에 달한다고 한다. 구글의 영향력은 대단하다. 검색엔진뿐만 아니라 안드로이드 운영체제, 스마트폰 운영체제, 구글 지도, 유튜브, 심지어 우주 사업까지도 운영한다. 핸드폰을 사용할 때 구글을 거치지 않고 사용할 수가 없다. 이렇게 세기의 문화를 뒤바꾸어 놓고 있는 구글도 세르게이 브린의 여자 친구 집 차고에서 처음 시작했다.

애플

애플은 소프트웨어 및 컴퓨터 하드웨어를 개발·제작하는 회사로 인류 최초의 개인용 컴퓨터를 만든 회사로 위대한 기업을 넘어서 존경받는 기업이다. 이 기업은 1976년 스티브 잡스와 스티브 워즈니악 그리고 로널드 웨인 세 사람이 창업했다. 애플의 대표적인 상품으로는 맥 시리즈, 아이팟, 아이폰, 아이패드, 에어팟 등을 생산한다. 1976년, 아타리에 일하던 스티브 잡스와 휴렛-팩커드(HP, Hewlett-Packard Company)에서 일하던 스티브 워즈니악은 컴퓨터 제작 동호회 '홈브루 컴퓨터 클럽(Homebrew Computer Club)'에서 활동하며 직접 컴퓨터를 만들어 판매하자는 뜻을 모았고, 이들은 자동차와 아끼던 전자계산기를 팔아 컴퓨터에 들어갈 부품 비용을 마련했다. 그리고 아타리에서 기술자로 일하던 로널드 웨인에게 자금을 투자 받아, 본격적으로 컴퓨터를 생산하기 시작했다. 애플의 창업도 잡스의 차고에서 '애플 컴퓨터(Apple Computer)'라는 회사를 설립한 것이 애플의 출발이다.

실리콘 밸리의 1호 벤처기업인 프린트의 대표적인 주자 '휴렛팩커드(HP)'는 스탠퍼드대학교 동기인 윌리엄 휴렛과 데이비드 팩커드도 캘리포니아 주 팔로알토의 한 허름한 차고에서부터 그 역사가 시작됐다. 제1의 검색 엔진뿐만 아니라 우주산업으로까지 커진 '구글'도 공동창업자인 세르게이 브린의 여자 친구 집 차고에서 처음 시작했다. 우리 삶의 세상을 바꾸어 놓은 '애플' 역시 창업자 잡스의 차고에서 '애플 컴퓨터(Apple Computer)'라는 회사를 설립한 것이 첫 출발이다. 이들은 지금 세계를 덮고도 남을 큰 거목이 되었다.

인간의 마음 중 95%가 잠재의식이고, 밖으로 드러나 활용하는 것은 5%에 불과하다고 한다. 그러나 의식하지 않고 있다고 해서 의식한 것만 우리의 생활에 쓸 수 있는 것은 아니다. 자신에게 있는 평상시에 활용하지 않고 있는 잠재의식은 활용해 줄 때를 항상 기다리고 있다. 성공하는 사람들을 보면 잠재의식을 깨워서 활용하는 사람들이다. 일반적인 한계를 넘어 잠재의식을 끌어내서 활용할 수 있는 사람들은 큰 꿈을 꾸고 꿈을 현실로 만든다. 큰 꿈을 일구는 도구는 심리적으로 잠재된 용기이며, 이를 기반으로 전위된 행동이다. 성공한 이들은 화성인도, 금성인도 아니다. 동시대에 함께 사는 지구인의 성과이다. 그렇다면 그들이 한 업적은 누구도 할 수 있다는 논리가 된다. 그러나 이들처럼 성공한 사람이 될 수 없었던 것은 꿈을 꾸지 않았기 때문에 결과도 없는 것이다.

"작은 일에 성실한 사람은 큰일에도 성실하다. 작은 일을 소홀히 하는 사람은 큰일을 할 수 없다. 작은 일에도 최선을 다하는 사람은 큰일에도 전력을 다한다."

현대그룹 창업주 故 정주영 회장의 말이다. 이분은 우리나라를 빛낸 기업인으로 많은 사람들로부터 존경을 받았던 분이다. 특히 공격적인 경영 스타일과 고정관념을 깨는 발상으로 남들이 불가능하다고 생각한 것을 이뤘다. '행동하라.'라는 것을 강조했다. "이거 해보기나 했어"라는 이 정신으로 맨손으로 현대를 만들었다. 현대가 탄생하게 된 것은 창업주 고(故) 정주영 회장이 19세에 서울에 올라와서 쌀가게인 복흥상회에서 일하다가 그 가게를 인수한 것이 현대의 전신이다. 현대라는 상호를 쓰기 시작한 것은 경일상회를 폐업하고 현대자동차 공업을 창업하면서 처음으로 사용했다. 이어서 토건사업을 추가하여 건설업을 기반으로 국내 사회간접자본(SOC) 사업에도 진출했다. 이후 우리나라 기업 중 최초로 해외에 진출하는 등 한국 경제 발전에 한 획을 그었다. 그 후 제조업인 자동차 생산, 조선업 그리고 금융업, 유통업 등 여러 업종들을 확장하여 대기업의 자리를 지켰다. 정주영 회장은 비록 고인이 되었지만, 여전히 그의 도전정신과 기업가 정신은 우리 사회 곳곳에 살아 있다.

나는 나와 관련된 모든 것을 소중히 여긴다. 그것이 큰일이든지, 그렇지 않든지 모두 소중하다. 누군가 나에게 부탁을 하면, 그 일에 대해 혼을 불어넣듯 최선을 다해 돕는다. 하물며 나 자신의 일은 말할 것도 없다. 내가 꾸었던 꿈들을 이룰 수 있었던 것은 작은 시작으로부터 시작했다. 세무공무원이 된 것도 처음에는 일용직 사무요원으로 시작했고, 대학에서 강의를 할 수 있었던 것도 부족함을 보완하려 한 공부이다. 아이들의 유학도 남편의 사업 부진으로 시작했고, 집 두 채를 보유할 수 있었던 것도 전세금 4천만 원이 씨앗이다.

"한 알의 조그만 씨앗이 하늘을 찌르는 큰 나무가 되는 것을 보라. 행복이나 불행도, 성공이나 실패도 모두, 그 처음은 작은 일에서 시작된다." 랠프 월도 에머슨의 말이다. 모션코치는 "위대한 일을 위해서 대단한 도전이 필요하지 않다. 단지 순간순간의 작은 도전이 모여 위대한 일을 이루어간다."고 말했다. 작은 일이 모여 큰일이 된다. 작은 일에 성실한 사람은 큰일에도 성실하다. 작은 일을 소홀히 하는 사람이 큰일을 할 수 있다고 장담하기 어렵다. '수적석천(水滴石穿) 작은 물방울이 바위를 뚫는다'는 뜻이다. 이 고사 성어의 뜻처럼 비록 하찮고 미미한 작은 물방울이라도 반복해서 떨어져 결국은 단단한 바위도 뚫어 구멍을 낸다. 그러므로 작은 일이라고 무시하면 안 된다.

아침에 눈을 뜨면서부터 인생의 선택이 시작된다. 그 선택은 첫 계단을 밟는 것과 같다. 다음 두 번째 계단, 점점 계단수가 많아지면서 인생이 크게 만들어진다. 겨자씨 같은 작은 씨앗이 나중에 풍성한 겨자 나무가 된다. 대부분의 사람들은 큰일에는 진지하게 대하지만, 작은 일은 소홀하게 대한다. 그러나 성공도 작은 것부터 시작하고, 몰락도 작은 것으로부터 시작된다. 보이지 않는 작은 일의 위대함을 알아야 한다. 일에도 작은 것부터 최선을 다하는 성실함이 있어야 한다. 큰 것을 얻기 위해서는 작은 일을 소중히 여기는 마음이 있어야 한다. 작은 땀과 눈물이 모이고 모여 큰 결과가 나온다. 성공한 사람의 하루하루 노력하는 모습은 볼 수 없기 때문에 왕관만 보인다. 그러나 보지 못했다고 해서 없었던 것은 아니다. 성공은 작은 일에 집중한 결과이다. 큰 부자도 일확천금을 꿈꾸기 전에 100원의 가치를 소중하게 여긴 사람이다.

"언뜻 보기에 보잘것없는 일일지라도 전력을 다해야 한다. 일은 정복할 때마다 실력이 붙는다. 작은 일을 훌륭히 해내면, 큰일은 자연히 결말이 난다."라고 데일 카네기가 말했다. 작은 일을 성공하면 일에 탄력이 붙고 실력이 늘어난다. 한번, 두 번, 세 번 이렇게 행한 작은 행동들이 모여서 큰 것을 만들어 낸다. 작은 일을 잘 해내는 것이야 말로 큰 성공을 이루는 길이다. 세상을 바꾸는 것도 작은 시작이 있었다. 작은 시작을 무시하지 마라.

09

미래의 장벽, 고정관념을 깨라

아무 것도 변하지 않을지라도,
내가 변하면 모든 것이 변한다.

- 오노레 드 발자크 -

"마누라와 자식만 빼고 모든 걸 바꿔라." 삼성그룹 이건희 회장이 '신경영 선언'을 하며 그룹 수뇌부에 한말이다. 우리나라에 삼성이라는 왕국을 이룬 분으로 많은 사람들로부터 존경받는 분들이다. 그 이유는 고정관념에 매여 있지 않고 항상 진취적인 생각과 행동을 보여주신 분이기 때문이다. 대부분의 사람들은 이미 갖추어져 있는 것을 사용하거나 활용해야 된다고 생각한다. 그러나 그것은 만들어진 시점의 시대에 한 개인의 정서에 맞춘 경험의 산물이다. 선인들의 경험은 디딤돌을 삼고, 자신의 것을 합해서, 제3의 결과를 만들어 낸 것만이 진정한 자기 인생이 된다.

과거가 현재를 만들었고, 현재가 미래를 만든다. 지난날 선인들의 경험은 후세대가 살아가는데 발판으로 매우 훌륭한 역할을 함으로 무조건 배제해야 하는 것은 아니다. 하지만 지금을 살아가는 사람은 오늘날에 맞게 자신의 생각이 분명해야 한다. 그래야 미래 지향적인 자신의 인생과 세상이 만들어진다. 5천 년 전과 오늘날은 분명히 다르다. 지금의 융성한 세상은 바로 당대를 사는 사람들이 고정관념을 버리고 자기혁신과 개척정신이 만들어낸 것이다.

"현상은 복잡하다. 법칙은 단순하다. 버릴게 무엇인지 알아내라. 핵심을 잡으려면 잘 버릴 수 있어야 한다. 핵심에 집중한다는 것은 잘 버린다는 것과 같은 얘기이다."라고 캘리포니아 공대 교수이자 물리학자 리처드 파인만이 말했다. 그의 말은 물리학자로서 핵과 관련하여 "버릴게 무엇인지 잘 알아야 한다."고 하고 있지만, 우리 일상생활에서도 마찬가지다. 문명을 이끌어가는 선도의 역할을 하는 컴퓨터의 언어는 우리가 사용하는 십진법의 수인 0에서 9까지의 숫자를 사용하는 것이 아니라, 이진법의 수인 0과 1로만 한정 지어 사용한다. 수 2에서 9사이를 버린 것이다. 인간은 십진법을 사용하고, 기계는 이진법을 사용한다. 인간이 더 많은 수를 사용하고 있는 것이다. 우리의 생명을 쥐고 있는 것은 몸속의 수십만 개로 연결된 혈관이다. 이 혈관이 막힘이 없이 혈액순환이 잘되면 생명에 문제가 없고, 건강을 유지한다. 그러나 혈액순환에 문제가 되는 동맥경화라든지, 우리 몸에 유해한 콜레스테롤이 많다든지 하면 건강에 이상이 생긴다. 다시 건강을 되찾기 위해서는 혈액을 막고 있던 혈액 덩어리를 없애줘야 하고 콜레스테롤의 수치를 낮추어 줘야 한다.

　　인생도 건강한 생명을 유지할 때와 같다. 하루하루 일과가 모여서 자신의 인생을 만들게 된다. 이때 성공한 인생을 만들기 위해서는 누구나 하는 생각과 행동만으로는 불가능 하다. 일상의 평범한 생각으로 제한하는 고정관념을 버려야 새로운 경험을 할 수 있고, 이를 통해 생각이 확장된다. 한번 확장된 생각은 예전의 크기로 돌아가지 않는다. 때문에 기존의 방식을 벗어나 새로운 생각과 행동을 해야 한다. 삶을 확장하기 위해서는 기존의 관습이나 풍습, 그리고 일상에서 인식하고 있었던 생각들에 머물러 있어서는 안 된다. 세상의 기준과 자신의 습관을 이기는 것이 삶의 확장에 첫 출발이다.

　　'사람과 환경에 눈치 보지 마라.' 이 메시지는 나의 평상시 신념이자 소신이다. 인생을 만들어 주는 사람은 나를 낳아주신 부모님도 아니고, 평생을 함께해야 할 배우자도 아니고, 죽음과 바꿀 수 있는 자식들도 아니고, 하루 종일 함께하는 사회조직의 그들도 아니다. 이 모든 이들이 내 인생에 무의미한 사람들은 아니지만 그렇다고 그들이 내 인생을 만들어 주지 않는다. 다만 인생을 만드는데 보조적 협력자이다. 오로지 인생을 만드는 데의 주인공은 바로 자신이다. 그래서 어떤 일을 하든지, 자신이 주체가 되어야 한다. 무서워서, 미안해서, 돈이 없어서, 비가 와서 이런 이유를 붙여서 자신의 행동을 제한하는 것은 자신의 인생을 만드는데 무책임한 행동이다. 어떤 일을 시작할 때 신경 쓰이던 주변 사람들은 알고 보면 자신의 인생을 사느라 타인에게 관심이 없다. 자신이 원하는 것을 이루고 싶은 것을 선물해 주고 싶다면 오로지 '성공'이라는 것에만 초점을 맞춰야 한다. 또한 스스로 자신을 가두었던 고정관념에서 탈출해야 한다.

다니엘 벨은 "이 세상에 변하지 않는 것은 없다. 단, 변하지 않는 것이 있다면 '이 세상에 변하지 않는 것은 없다.'는 명제뿐이다."라는 말을 남겼다. 그의 말처럼 세상은 쉬지 않고 변화한다. 그러나 우리의 의식은 한번 갖추어지면 잘 바뀌지 않는다. 오늘을 사는 사람이 과거에 머물러 있는 격이다. 자신이 원하는 인생을 만들고 싶으면 이미 만들어 놓은 기준의 잣대에 휘둘리지 말아야 한다. 기존의 고정관념을 버림으로써 자신의 미래를 앞당길 수 있다.

나에게는 이래서 되고, 저래서 안 되고 하는 고정관념은 없다. 내가 하고 싶은 것이나, 해야 하는 것이 있으면, 조언을 받지 않고 바로 행한다. 또 선택한 반대쪽을 과감하게 포기하는 용기가 있다. 그것이 후원의 말이든, 질책의 말이든 상관없다. "기다리지 마라. 결코 완벽한 때는 없다"는 나폴레온 힐의 말처럼, 조건이 갖추어질 때까지 기다리겠다는 것은 그 일을 안 하겠다는 것과 다를 바 없다. 완벽함을 추구하는 것은 신에 대한 도전이다. 신은 인간에게 그 자리를 절대 내어주지 않는다. 원하는 일이 있으면 때를 기다리지 말고 바로 시작해야 한다. 공부도 때가 있다. 경제적 여유가 있어야 자녀 유학을 보낸다. 큰돈이 있어야 집을 가질 수 있다. 이런 고정관념은 나와 거리가 멀다. 공부도 때가 있다는 비난을 받으며 꽉 찬 나이에 공부를 했고, 경제적으로 여유가 있는 사람만 자녀 유학을 보낸다는 그 틀을 깨고 유학을 보냈고, 배짱 하나로 4천만 원으로 5년여 만에 10억대로 경제적 부를 만들었다. 이 모두가 고정관념을 깬 시도가 있었기 때문이다.

대부분의 사람들은 기존에 만들어 놓은 원칙들에 의해 자신을 그것에 끼워 맞춰서 생활한다. 그러나 나는 모든 환경을 나에 맞추도록 한 것이다. 미래를 미리 아는 사람은 아무도 없다. 그래서 미래의 일을 예측 할 필요가 없다. 해보고 난 다음 그때 좋은 결과이든, 그렇지 않은 결과이든 받으면 된다. 누구도 불가능해 보이던 일이라 하더라도 해야 할 명제만 바라보고 도전하면 성공한 결과를 얻을 수 있다. 고정관념에 묶여 있을 때에는 도전 자체가 불가능 한 일이다. 어렵고 불가능해 보이는 것도 최선의 노력을 한 후 기다려 보면 좋은 결과를 얻게 되는 경우가 많다. 내가 무조건 행동으로 옮길 수 있었던 것은 고정관념이 없었기 때문에 가능했다. 대신에 도전의 공로로 성공한 현실을 선물 받았다.

어떤 일을 할 때 기존 모델을 표본으로 삼는 경우가 많다. 그렇게 했을 때 낯설지 않기 때문에 후한 점수를 받는다. 그러나 새로운 방법이 추가되면 평가의 측정치가 없기 때문에 평가하는데 혼란스러워한다. 그래서 좋은 점수를 받기를 원하고, 편안한 길로 가기를 원한다. 이런 모습에서는 자기성장을 기대하기 어렵다. 이미 세상에 굳어진 지식이나 상식으로부터 벗어날 때만, 자신에게 새로운 것이 더 많이 채워지게 된다.

내가 집필하고 있는 《성공하는 행동법칙》의 핵심은 '생각을 바로 시작하라!'이다. 생각한 그때에 가장 의욕이 넘치고 일하기 좋은 적기다. 일단 행동으로 옮기면 길이 스스로 열린다. 어떤 일을 시도할 때 미리 준비를 튼튼하게 해 놓고 해야 한다는 고정관념이 있다. 이런 원론적인 생각에 얽매이면 아무 일도 못한다. 성공한 인생을 만들기 위해 꿈을 꾸었다면, 생각했을 때 준비가 되어있지 않았더라도 행동으로 옮겨야 한다. 그래야 결과가 나온다. 행동은 인생을 완성시키는 열쇠이다. 고정관념에서 벗어날 때 비로소 미래로 향하는 문이 열린다.

제6장

꿈 너머
꿈을 완수하라

01

초심의 꿈! 지구촌에 꽃피우자!

세계를 움직이려고 한다면
우선 자기 자신부터 움직여라.

- 소크라테스 -

    아프리카 속담에 '노인 한 사람이 죽으면 도서관 하나가 불타는 것과 같다.'는 말이 있다. 이 말은 비록 한 사람의 삶이지만, 도서관에 소장된 책만큼 많은 스토리를 가지고 있다는 의미이다. 나이가 많으면 많을수록 살았던 날들이 많기 때문에 더욱더 그렇다. 하지만 이것을 나이로만 따질 것은 아니다. 사건과 개인의 성향으로 따져 본다면 결코 나이에서 얻어진 양으로만 기준을 삼을 것은 아니다. 그 속에는 평범한 삶도 있고, 남이 가지 않는 길을 개척해 가며 고군분투 했던 사람도 있고, 남보다 빨리 성공한 사람도 있다.

삶의 탐험가는 아메리카 신대륙을 발견한 콜럼버스처럼 역사적 유명 인물만이 아니다. 삶을 처음 겪는 '누구나'가 탐험가가 된다. 탐험의 스토리를 말로 남기면 강연이 되고, 글로 남기면 책이 된다.

나는 NO라는 말을 잘 쓰지 않는다. NO를 뒤집으면 전진을 의미하는 'ON'이 되는데 나는 이 말을 좋아한다. 세상은 문제로 시작하고, 사람은 그 문제를 풀면서 성장한다. 문제를 푸는 열쇠는 태어나면서부터 각자 가지고 나왔기 때문에 누구에게나 다 있는 것이다. 그러나 그 열쇠를 사용하지 않거나, 사용하는 방법을 몰라 사용하지 못한다. 정작 문제를 풀 때에는 남의 열쇠를 빌려 쓴다. 그 방법은 수고를 들이지 않고 빠른 답을 얻는 데는 성공적일지 모르겠지만, 남의 인생 수레에 얹혀사는 인생이 된다. 자신에게 주어진 주인의 사명을 잊고 남 따라다니는 인생이 된다. 순도 100%의 인생을 만들기 위해서는 자신이 가진 열쇠로 세상을 열어야 한다.

내 삶의 방향을 전환하기 위해서 미국을 갔다 왔다. 비록 삶의 터전을 옮기는 것은 불발에 그쳤지만, 그때 나에게 '동기부여 강연가'가 되는 꿈이 하나 생겼다. 꿈은 내 욕망에만 성실했을 뿐, 아스팔트에 뿌려진 씨앗처럼 터무니가 없는 꿈이었다. 그러나 그 꿈을 이룬 지가 10년이 넘었다. 그동안 공직의 신분으로 양껏 활동을 할 수 없었지만, 국가가 허용하는 범위 내에서 학교 강의와 일반 강연을 했고, 지금도 하고 있다. 이제 남은 것은 초심의 꿈을 지구촌을 누비며 동기부여 강연가로 더욱더 많은 활동을 하는 것이다.

꿈은 현실에 맞추는 것이 아니라 이상에 맞추는 것이다. 꿈을 꾸면 반드시 이루어진다. 왜냐하면 자신의 욕망에 따른 것이기 때문이다. 욕망을 없어지게 하는 것은 오로지 욕망을 채우는 것 밖에 없다. 환경이 방해하더라도 포기하지 않는 이유는 자기 속사람이 간절히 원하고 있기 때문이다. 결국 원하는 답이 나올 때까지 하게 된다. 꿈을 간혹 빛 좋은 개살구에 현혹되어 좇아가거나, 부모의 바람에 의해 꾸는 경우가 있다. 이런 꿈은 성공하기 어렵다. 타인에 의해 꾼 꿈은 행동을 적극적으로 끌어내기에는 동력이 약하다. 그러므로 꿈은 자신이 원하는 것을 꾸어야 한다.

성공한 사람들의 공통된 말은 "성공하고 보니 꿈을 향해 하루 하루를 성실하게 살았던 것이 가치가 있었다."라는 것이다. 성공은 목표점 끝 지점이지만, 그동안의 목표점을 향했던 시간과 많은 날들이 있었다. 그 시간을 알차게 살게 되었다는 것이다. 어느 날 갑자기 성공한 사람은 없다. 찰나의 시간이 합쳐지고, 하루, 한주, 한 달, 1년의 기간의 일을 합쳐져서 나온 결과이다. 그때 땀과 눈물 그리고 인내가 성공의 재료가 되었다. 꿈을 꾸고, 그 꿈을 향해서 달려갈 때 5년이든, 10년이든, 그 이상의 기간이든, 성공한 인생이 되는 것이다.

쿠바 혁명을 이끈 피델 카스트로를 도왔던 아르헨티나 출신 의사 체 게바라는 이런 말을 했다. "모든 것은 꿈에서 시작된다. 꿈 없이 가능한 일은 없다. 먼저 꿈을 가져라. 오랫동안 꿈을 그리는 사람은 마침내 그 꿈을 닮아간다. 우리 모두 리얼리스트가 되자. 그러나 가슴속에 불가능한 꿈을 가지자." 그의 말처럼 모든 것은 꿈이 시작점이라는 것이다. 그리고 끈질기게 포기하지 않고 하다 보면 결국 자신이 꿈을 닮아간다는 것이다. 아직도 꿈이 없다면 지금도 늦지 않다. 나이가 30대이든, 40대이든, 60대이든, 내가 하고 싶은 것을 꿈의 목표로 삼아라. 꿈이라고 하면 이미 이룬 자의 것이 아니라, 꿈은 꾸는 자의 것이다. 꿈을 향해 시련과 인내를 이겨낸 사람만이 현실로 만들 수 있다. 그러나 누구나 가능하다. 마음만 먹으면…

하늘은 행동하지 않는 자를 결코 돕지 않는다. 백 번, 천 번 아무리 많은 횟수로 보고, 듣고 해도, 싹은 단 한 번의 행동에서 난다. 꿈을 자신이 원하는 것을 꾸었다 하더라도 꿈을 꾸고 바로 성공하는 경우는 없다. 성공에는 '꿈, 행동, 결과'의 과정 등이 완벽한 시스템이다. 행동하지 않고 결과를 얻어지는 일은 세상천지 어디에도 없다. 나도 꿈을 꾸고 12년의 세월 동안 공부를 했고, 끊임없는 자기노력이 있었기에 가능했다. 긴 세월 포기하지 않고 해낼 수 있었던 것은, 내가 하고 싶었던 것을 꿈꾸었기 때문에 열악한 환경을 이겨내고 해낼 수 있었다.

정한 목표를 이루고자 하면 그것에 시간과 열정을 투자해야 한다. 그중 시간은 인생의 완성품과 불가분의 관계이다. 그러므로 시간을 남과 같이 할 일 다 하고, 따로 더 내야 한다. 시간을 더 활용하려면 잠에서 가져다 써야 한다. 성공은 시간을 투자한 만큼 결과도 나온다. 잠은 원하지 않아도 영원히 자는 날이 온다. 그때 실컷 자면 된다. 미리부터 잠에 욕심을 내지 않아도 된다. 또 원초적 생명보호에 의해 몸을 사리게 되는데 이는 어리석은 생각이다. 생명은 하늘의 권한이다. 죽음으로부터 자유로워지면 세상의 어떤 것도 해낼 수 있다. 일 앞에 불안해 하고, 쫄지 말아야 한다. 마음먹고 시작하면 다 해낼 수 있다. 하나뿐인 인생! 하고 싶은 것은 다 해보아야 한다. 세월은 멈춤 없이 간다. 인생의 종착역에 도착하기 전에 얼른 하고 싶은 것들을 다 해보아야 한다.

인생 선배는 후배를 위해 먼저 경험한 것을 전해야 할 의무가 있다. 과거와 현재를 연결하는 데에는 인생 선배의 경험이 원재료이다. 경험을 현재로 옮기는 것이 '지식'이다. 현시대를 사는 후배들이 지식을 받아들일지 여부는 온전히 이들의 몫이자 자유이다. J. 에디슨은 이런 명언을 남겼다. "책은 위대한 천재가 인류에게 남겨 주는 유산이며, 아직 태어나지 않은 자손에게 주는 선물로서 한 세대에서 다른 세대로 전달된다." 이처럼 한 개인의 인생을 글로 남겨둔다는 것은 개인으로나 역사적으로나 유의미하다. 책은 생을 마감하고 육신이 사라진다 하더라도 후세대에 정신으로 남는다. 나도 책을 집필하는 이유가 여기에 있다. 나의 휴먼스토리는 강연을 다닐때 함께 전해질 것이다.

상상의 크기만큼 꿈꾸어라. 꿈꿀 수만 있다면 무엇이든 이룰 수도 있다. 기회는 준비하는 자에게 온다. 벤저민 디즈레일리 영국 정치인은 "위대한 생각을 키워라. 사람은 자신의 생각보다 더 위대해질 수는 없기 때문이다."라고 말했다. 꿈은 크게 꾸고 행동은 주저함이 없어야 한다. 인간의 한계는 어디까지인지 아무도 모른다. 그 끝은 없는 것이다. 그러므로 자신의 꿈이 지나치다고 생각할 필요도 꼭 현실적일 필요도 없다. 꿈은 삶을 생기있게 만들어주기 때문에 언제나 꿈을 잡고 있어야 한다. 나도 내 존재가 끝나기 전까지 새로운 꿈에 도전할 것이다.

공직에 있을 때에는 하고 싶었던 것을 다해보지 못했다. 퇴직과 동시에 원 없이 다 해볼 것이다. 세상에는 두려운 사람과 쉬운 사람이 있다. 이는 칼의 양날처럼 한 몸인 바로 자신이다. 그래서 자신이 가장 두려운 존재이므로 나를 잘 다스려야 한다. 나는 지구촌을 누비며 강연하는 모습을 날마다 상상하고 있다. 또 최고의 명문대로 일컫는 하버드대학에 가서 강연을 하는 것도 내 꿈속에 포함되어 있다. '꿈은 이루어진다.'는 말을 나는 믿는다. 나의 초심을 지구촌 곳곳에 꽃피우기 위해 오늘도 최선을 다한다.

02

4차 산업혁명 시대의 주역이 되라

기존 사업을 과거와 같은 방식으로 지속하는 것은
앉아서 재난을 기다리는 것과 같다.

- 바이블 피터 드러커 -

요즈음 4차 산업혁명(4IR, fourth industrial revolution)이란 단어를 심심찮게 듣는다. 하지만 이 단어에 대한 개념을 명확하게 알고 있는 사람은 많지 않다. 1990년대 말 컴퓨터가 처음 대중화되면서 인터넷 문화를 접했다. 당시만 해도 금융거래나 물건을 구입할 때 현장에 직접 가지 않고도 집에서 일을 볼 수 있다는 것과, 컴퓨터에 바이러스가 있다는 개념을 이해하지 못했다. 그 후 수 세월이 지나 일상생활에 보편화되면서 체험을 통해 인터넷 거래의 개념을 이해하게 되었다.

세계 속의 급속한 변화는 우리의 문화생활 환경을 바꾸고, 신종 전문용어들을 연일 만들어낸다. 2013년 박근혜 정부가 탄생하고 '창조경제' 정책을 내놓았다. 이 또한 이해 부족으로 무슨 정책을 어떻게 하려고 하는 것인가 몰랐다. 그러나 용어를 찬찬히 뜯어보면 바로 이해가 된다. 창조 경제란 정보기술(IT, Information Technology)을 중심으로 한 첨단과학기술(HST, High Science and Technology)의 융합이다. 이 말은 생산현장이 컴퓨터를 기반으로 하는 정보시스템과 신기술을 융합한 생산방식에서 경제적 창출을 얻는다는 의미이다. 이런 용어를 이해하기에도 벅찬 가운데 새로운 용어인 4차 산업혁명 시대에 돌입한 것이다.

컴퓨터 시대가 열리고 나서도 인터넷 사용에 대한 이해나 창조경제를 이해하는 데 꽤 오랜 시간이 걸렸다. 최근엔 4차 산업혁명에 관한 보도를 연일 듣게 된다. 그러나 경제용어가 일반인들은 여전히 이해하기가 어렵다. 동시대에 적응하고 살아남기 위해서는 반드시 이해를 해야 준비를 할 수 있다. 4차 산업혁명을 이해하기 위해서는 이전의 산업혁명인 1차, 2차, 3차 산업혁명에 대해 되짚어 보면 이해가 빠르다.

4차 산업혁명이란 창조경제와 인공지능의 융합이다. 4차 산업혁명의 어원은 독일이 2010년 발표한 '하이테크 전략 2020'의 10대 프로젝트 중 하나인 '인더스트리 4.0' 경제정책에서 나왔다. 이 정책은 제조업과 정보통신을 융합하여 생산시설을 네트워크화하고, 지능형 생산 시스템을 갖춘 스마트 공장(Smart Factory)으로의 진화이다. 2016년 세계경제포럼(WEF, World Economic Forum, 다보스 포럼)에서 의제로 다루면서 4차 산업혁명이 본격적으로 논의되었다. 정보통신기술(ICT, Information and Communication Technology)의 융합은 차세대 산업으로 부르기도 한다.

산업혁명이란 용어는 영국의 경제학자 아널드 토인비가 영국 경제발전을 설명하는 과정에서 사용했고, 이후 이 용어가 광범위하게 통용되었다. 산업혁명 단계 구분의 기준은 제품 생산방식의 변화에 따른 것이다.

1차 산업혁명은 철강과 증기기관의 발달이다. 18세기 중반부터 19세기 초반까지 영국에서 시작된 제품 생산방식에 기계적 혁명을 일으켰다. 영국의 면직물의 수요가 급증하자 증기기관을 개량한 대량 생산이 이루어졌다. 이때 기계의 동력이 인간의 노동력을 대체하게 되었다.

2차 산업혁명은 전기의 발명이다. 19세기부터 20세기 초까지 전기에너지 기반으로 대량생산 혁명을 일으켰다. 공장에 전력이 보급되면서 벨트컨베이어시스템이 등장했다. 그동안 사람들이 왔다 갔다 하며 작업 하던 것을 자동화 시스템으로 한자리에서 일하는 구조로 바꾼 것이다. 그 대표적 예가 포드자동차의 T모델 대량생산이다. 소품종 대량생산으로 저렴한 가격으로 공급하게 되면서 이때 대중경제, 대중사회가 열렸다.

　3차 산업혁명은 인터넷과 재생에너지의 등장이다. 20세기 후반부터 컴퓨터를 통한 자동화 생산시스템이 되었다. 이는 미국 주도의 글로벌 IT기업 부상으로 실리콘밸리의 신화를 이룬 것이다. 이때 세계화 및 인간의 삶에 큰 변화를 가져왔다. 그동안 현장 육체노동자와 사무실 사무직으로 구분되었던 것을 사무직과 노동자를 결합한 사무실 노동자가 탄생한 것이다.

　4차 산업혁명은 산업생산과 정보통신기술(ICT)의 융합이다. 인공지능(AI), 사물인터넷(IOT), 로봇기술 · 생명과학 등의 산업이다. 한 마디로 1차 산업혁명부터 3차 산업혁명까지의 모든 정보들과 정보통신기술이 접목하여 합쳐진 빅데이터를 기반으로 제3의 생산방식을 의미한다.

　그동안 제품 생산방식이 1차 산업혁명부터 3차 산업혁명까지 진화 발전해왔다. 기존의 1차와 2차 산업혁명의 오프라인 산업에서 3차 산업혁명의 온라인 산업으로 더 추가된 산업으로 전환되었고, 4차 산업혁명에서는 오프라인과 온라인, 그리고 인간의 창의가 합쳐진 새로운 생산방식이 나온 것이다. 동시대에 살아남고 주체적 삶을 영위하기 위해서는 자기 변화가 필수이다.

　아리스토텔레스는 이런 말을 남겼다. "열등한 자는 동등해지려고 모반하며, 동등한 자는 우월하게 되기 위하여 반역한다. 이것이 바로 혁명을 일으키는 마음의 상태이다." 4차 산업혁명에 살아남기 위해서는 기존 전통적 생산방식에서 벗어나야 한다. 사람이 하던 일을 인공지능이 대신하게 되면, 실업이 늘어나게 된다. 앞으로 기존의 직업들이 많이 사라질 전망이다. 가장 먼저 사라질 직종은 단순 노무직 등과 프로그램을 활용해서 해결할 수 있는 직종으로 예상된다. 반면에 미래의 유망직종은 첨단 신기술 시스템을 다룰 줄 아는 전문 분야이다. 즉 인공지능 전문가, 무인자동차 엔지니어, 드론 전문가 등 이외에도 많다.

미래의 신직종을 배우는 것도 중요하지만, '전문가'라는 수식어가 붙는 직업은 대중적이지 않기 때문에 준비하는 데 어려움이 있다. 그러나 변화된 산업 환경 속에서도 살아남기 위한 방법은 있기 마련이다. 우리가 행복하고, 가치 있는 인생을 만드는 방법은 두 가지이다. 하나는 자신의 몸에 실어져 있는 능력을 활용하는 것과, 또 하나는 특정 기술력을 배워 그 시스템을 운행하는 것이다. 후자는 전문 기술력을 습득해서 그 기계를 작동해야 하는 반면, 전자는 자신의 몸이 할 수 있는 예술이나 창작활동 등을 말한다. 예술이나 창작에는 누구도 그 자리를 치고 들어올 수 없다. 결국 4차 산업혁명의 시대는 창의력이 핵심 키워드이다. 궁금함이 많으면 새로운 창조가 생기게 된다. 끊임없이 질문하고 준비하면 된다. 그러므로 의식만 깨어 있다면 살아갈 방법은 있다.

이 시대의 주인! 4차 산업혁명 시대의 주역은 바로 자신이다. 다시 말해 어제도, 오늘도, 세상의 주인은 자신이다. 주인의 역할을 다하기 위해서는 역량이 갖추어져 있어야 한다. 이 시점에 자신이 무엇을 할지는 자신이 선택해야 한다. 어떤 선택을 하느냐에 따라 인생의 방향도 달라진다. 자신의 인생은 누구도 대신 살아줄 수 없다. 한 시대에 주체성을 살리며 잘 살아남는 것도, 그렇지 못하는 것도 자신의 몫이다. 정보 통신에 기반을 둔 인터넷 바다의 정보를 잘 활용하면 블루오션을 발견할 수 있다. 이제는 조직이 개인의 성공을 시킨다는 말은 옛말이다. 이제 얼마든지 1인 창업을 할 수 있는 사회적 기반이 갖추어져 있다. 이 시대의 주역이 되기 위해서는 자기개발이 중요하다.

03

꿈 너머 꿈을 완수하라

꿈의 세계에서 사는 사람들이 있다.
그리고 꿈을 현실로 바꾸는 사람들이 있다.

- 더글라스 에브렛 -

르네상스 시대의 위대한 예술가 미켈란젤로 하면 '천지창조'라
는 천장 벽화가 먼저 연상된다. 그는 이탈리아의 대표적인 조각가
이다. 로마 교황 율리오 2세로부터 천장 벽화를 의뢰받고 화가가 되
어 천지창조를 그린 것이다. 그는 "작은 일이 완벽함을 만든다. 그
리고 완벽함은 작은 일이 아니다."라는 명언을 남겼다. 이 명언처럼
조각상과 벽화의 선율을 보면 완벽함은 작은 것으로부터 시작하고,
그 작은 것은 더 이상 작은 일이 아니라는 말이 실감 난다. 대표적
작품으로는 다윗상과 피에타(성모 마리아가 예수 그리스도의 시신을 안고
있는 작품) 조각품이 있다. 피에타 조각의 경우 대리석으로 만든 작

품임에도 실제 옷인지 분간이 안 될 정도로 작은 주름 하나하나를 실제와 같이 완벽하게 표현해 냈다. 그가 위대한 작품을 조각할 수 있었던 것은 수만 번의 정(돌을 쪼아 다듬는 연장)을 두드렸던 과정이 있었다.

위대한 작품을 만들기 위해 수만 번 정을 쪼았던 것처럼 명작은 하루아침에 이루어지지 않는다. 우리 인생도 마찬가지이다. 씨앗을 파종하고 5년 동안 싹이 올라오지 않는다는 모죽(毛竹) 이야기가 있다. 모죽은 한국, 일본, 중국 등지에 자생하는 큰 대나무다. 싹이 돋아나기 시작하면 하루에 70~80cm씩 자라 6주 후에는 30m까지 자란다. 모죽이 이처럼 폭발적으로 자랄 수 있는 것은 싹을 틔우기 전에 땅 깊숙이 사방 십 리까지 뿌리를 내렸기 때문이다. 성공도 같은 원리에 의해 이루어진다. 자신이 꿈꾸었던 것을 현실로 만들기 위해서는 일상의 철저함이 있어야 한다.

꿈은 꾸는 것이 목적이고, 목표는 달성하는 것이 목적이다. 꿈이 있으면 우리 몸은 스스로 움직인다. 목표 달성은 행동함으로써 얻을 수 있는 수확이다. 나에게도 작은 꿈부터 큰 꿈까지 많다. 이 꿈들은 이루어진 것도 있고, 더 성숙시켜야 하는 것도 있고, 새로 시작해야 하는 것도 있다. 이 모든 것은 행동하는 것이 첫 순서이다. 그동안 지나온 과거를 뒤돌아보면 행동한 것에 대한 배신의 결과는 없었다. 그러므로 어떤 일에 대한 결과를 얻기 위한 선행과제는 행동이다.

나의 첫 꿈은 공무원이었다. 꿈은 하나를 이루고 나면 시대와 환경과 경험의 양에 따라 또 생기게 마련이다. 다음은 아이들 교육이었다. 맹모삼천지교(孟母三遷之敎) 곧 맹자의 어머니가 맹자의 교육을 위해 세 번이나 이사했다는 말이다. 교육은 '백년지 대계(百年之大計)'라는 말이 있듯이 자녀교육은 아주 중요하다. 한 개인에게 교육을 잘 시킨다는 것은 국가적 인재를 키우는 것이다. 부모는 자녀를 훌륭하게 키울 의무가 있다. 그래서 나는 아이들 교육을 위해 無에서 有를 창조하듯 배짱 하나로 최고의 교육을 시키는데 노력했고, 좋은 결과를 얻었다. 인간은 세상에 와서 배우고, 배운 것은 세상에 남기는 사명을 받았다. 이 말의 의미대로 나는 늘 배우는 것에 최선을 다하고 있고, 배운 것을 가르치기 위해 한 대학에서 강의를 하고 있다. 이렇듯 꿈을 꾸면 이루어진다. 이룬 꿈은 더욱더 진화하게 된다.

"척 피니는 나의 영웅이자, 빌 게이츠의 영웅이다. 그는 모두의 영웅이어야 한다."는 워런 버핏이 한 말이다. 기부 천사라고 하면, 마이크로소프트의 CEO 빌 게이츠와 투자의 귀재로 불리는 워런 버핏이 떠오른다. 이들은 억만장자임과 동시에 수십조 원을 기부한 기부왕으로 유명하다. 이들의 기부 시작에는 롤모델이 있었다. 그는 세계 최대 규모의 공항 면세점 DFS를 공동 창업한 척 피니이다. 척 피니는 40대에 억만장자가 된 사람이다. 승승장구하던 그가 회계조사를 받던 중 회계 부정을 의심받자 미국이 발칵 뒤집혔다. 그런데 여기서 뜻밖의 사실이 밝혀졌다. 그것은 15년 동안 무려 4조 5

천억 원이나 기부했던 선행이 드러난 것이다. 그는 지금까지 자기 재산의 99%인 10조에 가까운 돈을 어려운 이웃을 위해 기부했다고 한다.

"좋은 예술가는 적당히 모방하지만, 위대한 예술가는 통째로 훔친다." 이 말은 미술의 거장 피카소의 명언이다. 내 삶의 원칙은 타인으로부터 '조언을 받지 마라.'이다. 하지만 이런 좋은 일을 하는 사람들의 정신은 통째로 훔치고 싶다. 생을 마감하고, 귀천을 하면 세 가지의 질문을 받는다고 한다. '모르는 것 배웠나? 배운 것 가르쳤나? 배우고 가르친 대로 살았나?' 나는 이 질문에 1초도 망설임 없이 'YES!'라고 답하고 싶다. 나의 육신은 언젠가 사라지겠지만, 후배들이 살아가는데 디딤돌이 되도록 나의 올바른 정신은 남기고 싶다.

고대 철학자 아리스토텔레스는 "자기가 그만한 힘이 없으면서도 커다란 존재라고 생각하는 사람은 거만하다. 또, 자기의 가치를 실제보다 적게 생각하는 사람은 비굴하다."라고 했다. 자기의 크기는 자신에 대한 믿음에 따라 그 크기를 만든다는 것이다. 자신에 대한 소극적 생각은 비굴하다고까지 한 것이다. 언제나 자신이 한 말은 옳은 것이다. 자기가 보고, 듣고 했던 그 정보 안에서 가장 최선의 답을 냈기 때문이다. 그래서 자신의 크기는 생각의 크기이다. 모든 일의 출발과 끝은 자기 것이다.

어떤 목표가 있고, 그것을 성취하려 한다면, 나이를 먹어도 청춘이 되지 않으면 안 된다. 젊은 시절에는 하루는 짧고 1년은 길다. 나이를 먹으면 이 모두가 다 짧은 시간이다. 그래서 바쁜 사람일수록 나이를 따지고 앉아있을 시간도, 늙을 시간도 없다. 새로운 꿈이 있다면 목표를 끊임없이 리마인드 시키는 행동하는 사람이 되어야 한다. "나는 10대 때부터 터무니없어 보이는 목표를 공개적으로 밝혀 호언장담하는 버릇이 있었다. 일단 공언하면 자신을 궁지로 몰아넣게 되고 강한 책임감을 느끼게 된다. 조직에 목표를 공언하고 그 목표를 달성해 보이겠다는 결의로 주위 사람들을 이끄는 것, 이것이 리더십이다."고 소프트뱅크 손정의 회장이 한 말이다. 그는 일본 내 손꼽히는 갑부이다. 그는 성공하기 위해서는 목표를 공개하는 전술이 자신을 이끌었다고 한 것이다.

꿈을 달성하기 위해서는 전략과 전술도 필요하다. 사람은 누구나 외부로부터 신뢰를 갖기를 원하기 때문에 '공개'라는 전략을 쓴다. 공개된 말에 대한 책임을 지기 위해서 자기관리에 노력한다. 자신이 정한 목표를 성취하는 데에는 하나의 방법만이 있는 것은 아니다. 그러나 분명한 것은 자신이 그 목표의 주인공이고, 자신이 그 목표를 달성하기 위한 과정에 자신을 투입해야 한다는 것이다. 결국 자신의 행동이 결정짓는 것이다.

꿈이 있어야 꿈을 이룰 수 있다. 꿈은 한 사람이 이루고 싶은 것이다. 꿈은 꾼다고 쉽게 이루어지는 것은 아니다. 그러나 꿈은 이루고자 하는 사람만이 이룰 수 있다. 꿈을 이루는 데에는 자신의 행동에 달려있다. 그 꿈이 부자가 되기를 원한다면 부자가 된 다음에 무엇을 하겠다는 바로 그 '무엇'이 있어야 한다. 그것은 꿈 너머 꿈이다. 꿈 너머 꿈이 있으면 행동하는 사람이 된다. 맨스필드는 이런 말을 했다. "인생은 평화와 행복만으로는 지속될 수 없다. 고통과 노력이 필요하다. 고통을 두려워하지 말고 슬퍼하지 말라. 참고 인내하면서 노력해 가는 것이 인생이다. 희망은 언제나 고통의 언덕 너머에서 기다린다." 이 말처럼 우리는 어려움이 있다 하더라도 고통 너머에 있는 선물을 받기 위해 인내해야 한다.

상선약수(上善若水). 이 뜻은 '세상의 가장 큰 선행은 물이다. 물은 세상을 다 키우고도 드러냄 없이 낮은 곳으로 흐른다.'는 의미이다. 물의 선행만큼 따라 할 수는 없겠지만, 나의 지나온 반평생의 경험 자본으로 이제 좋은 일을 하고 싶다. 지구촌에 사랑을 뿌릴 수 있는 '기부재단'을 모체로 만드는 것이 나의 꿈 너머 꿈이다. 그동안 내 인생에 양념 역할을 했던 불우이웃 돕기를 이제 본질로 만들고 싶다. 언론을 통해 기부자들에 대한 방송을 접할 때마다 내 가슴은 뛴다. 내가 그 주인공이 되고 싶어서이다. 나는 언제나 그랬듯이 목표 달성의 디딤돌을 만들었다. 그것은 동기부여 강연가, 작가, 사업가이다. 이런 것들도 앞자리에 '최고'라는 수식어를 하나씩 붙이는 것도 앞으로 해야 할 일이다.

누구나 꿈이 있다. 그러나 이 꿈을 성취했는지는 별개의 문제이다. 꿈을 현실로 만들기 위해서는 생각만으로 이루어지는 것은 없다. 말로 선포하고, 글로 써 붙이고, 직접행동 하는 태도가 있어야 가능 하다. 하나의 꿈이 성취되면 또 다른 꿈을 낳는다. 아직도 나에게 '하면 된다.'는 용기가 있다. 내 사전에 포기는 없다. 나를 포기 시킬 수 있는 것은 오직 죽음뿐이다. 내가 꿈꾸고 있는 것은 선행을 위한 것이 아니라 건강함에 대한 보답이고, 의무이다. 인생을 최고로 만들기 위해 성공하는 행동법칙에 따라 도전은 계속 될 것이다.

인생의 끝은 꿈 너머 꿈의 완수이다.

끝까지 읽어주셔서 감사합니다.

시작하는 때가 가장 빠른 때입니다.

『성공하는 행동 법칙』을 통해

멋진 인생을 만드는

주인공이 되시길 기원합니다.

저자 김은주 드림

지은이 김은주

□ **경력** 글로벌휴먼탑개발원 원장
도서출판휴먼탑 대표
국립인천대학교 출강
국악인(중요무형문화제 제57호 경기민요 전수)
전 국세청 공무원
전 서울지방국세청 인사혁신위원

□ **학력** 수원대학교 일반대학교 경영학 박사
명지대학교 사회교육대학원 평생교육학 석사
한양대학교 공학대학원 건설관리학 석사
서울과학기술대학교 토목공학과 학사
서강대학교 산림치유경영자과정 수료
고려대학교 경영대학원 서비스비지니스 최고경영자과정 이수

□ **저서** – 리더의 동기부여 언어가 세무공무원들의 자아존중감과 자기효능감
그리고 조직몰입에 미치는 영향(박사논문, 2013)
– 세무공무원의 유머감각이 직무스트레스 및 직무만족에
미치는 영향(석사논문, 2010)
– BIM 설계방식의 공동주택 설계경기 평가지표 개발에 관한 연구(석사논문, 2008)

홈페이지 : http://www.humantop.kr
블 로 그 : https://blog.naver.com/mno59
이 메 일 : mno59@humantop.kr

성공하는 행동 법칙

초판 1쇄 펴냄 2019년 8월 15일
초판 2쇄 펴냄 2019년 9월 1일

| 지은이 | 김은주
| 발행인 | 김은주
| 발행처 | 도서출판 휴먼탑

| 편집디자인 | 김성숙
| 표지디자인 | 허금정
| 전자책제작 | 박승환

| 주 소 | (12981) 경기도 하남시 덕산로 50
| 전 화 | 031) 792-6255
| 팩 스 | 031) 793-6255

| 홈페이지 | www.humantop.kr
| 이메일 | mno59@humantop.kr

| 출판등록 | 제 404-2019-000009 호
| ISBN | 979-11-967333-0-8

값 15,000원